青少年体育参与动力机制

高 泳 著

·北京·

图书在版编目（CIP）数据

青少年体育参与动力机制 / 高泳著. —北京：科学技术文献出版社，2022.9
ISBN 978-7-5189-9552-3

Ⅰ.①青… Ⅱ.①高… Ⅲ.①青少年—体育锻炼—研究 Ⅳ.① G806

中国版本图书馆 CIP 数据核字（2022）第 164582 号

青少年体育参与动力机制

策划编辑：杨 杨　责任编辑：李 晴　责任校对：王瑞瑞　责任出版：张志平

出 版 者	科学技术文献出版社
地　　址	北京市复兴路15号　邮编　100038
编 务 部	（010）58882938，58882087（传真）
发 行 部	（010）58882868，58882870（传真）
邮 购 部	（010）58882873
官方网址	www.stdp.com.cn
发 行 者	科学技术文献出版社发行　全国各地新华书店经销
印 刷 者	北京虎彩文化传播有限公司
版　　次	2022年9月第1版　2022年9月第1次印刷
开　　本	710×1000　1/16
字　　数	206千
印　　张	14.25
书　　号	ISBN 978-7-5189-9552-3
定　　价	69.00元

版权所有　违法必究

购买本社图书，凡字迹不清、缺页、倒页、脱页者，本社发行部负责调换

序

高泳教授是我早年指导的博士研究生，接到他的请求为其写序，深感欣慰，一是当年我们共同努力3年的研究成果终于付梓了；二是他博士毕业8年之久依然不忘学术初心，并坚持不懈。

高泳在博士入学后，以核心成员的身份参与了我主持的第一项国家社会科学基金重点项目"青奥会与奥运会主要特点之比较——兼论对南京青奥会的启示"，全面参与了从选题申报、内容论证，到后期研究、学术探讨，再到格式规范等诸多核心环节，体现了扎实的学术研究基本功。在我的指导下，我们一起拟题撰文，共同参加在北京国家会议中心举办的第十四届世界群众体育大会、在上海体育学院举办的第九届全国体育科学大会、去外地讲学交流等，留下了美好的学术回忆。博士学业后期，在遭遇家庭变故和身体健康原因的双重压力下，高泳依然"咬定青山不放松，立根原在破岩中"，深入一线调研，扎实开展博士论文研究，体现了追求真理、勤奋踏实、敢坐"冷板凳"的学者素养。

博士毕业后，高泳回到原单位工作，京豫虽远，但是距离并没有成为我们师生感情的障碍。我们一起参加南京大学举办的第十一届全国体育科学大会、北京冬奥组委奥运遗产研讨会、北京冬奥组委组织的冬奥遗产对接会等，每遇到学术机会，我总想分享给他；每听到他在学术和事业上的点滴进步，我都深感欣慰，这应该是对纯粹师生情缘的最好诠释。

少年强则中国强，青年兴则民族兴。青少年是祖国的未来，是现代化建设事业的主力军，青少年的身心健康状况不仅关系到个人的健康成长，更关系到国家民族的兴衰。党和政府高度重视青少年体育和青少年的健康成长。

党的十八大首次提出："把立德树人作为教育的根本任务。"习近平总书记在全国教育大会上强调，培养德智体美劳全面发展的社会主义建设者和接班人。体育是五育的重要组成部分，党的十九大报告提出："我国社会主要矛盾已经转化为人民日益增长的美好生活需要和不平衡不充分的发展之间的矛盾。"人民健康是生活美好的重要基础，提高全民族的健康素质，青少年是关键，没有青少年的健康，难有全民的健康。党的二十大报告提出："广泛开展全民健身活动，加强青少年体育工作，促进群众体育和竞技体育全面发展，加快建设体育强国。"

无论是立德树人，或是五育并举，抑或是健康中国和体育强国建设，青少年都是重点关注人群，都是重要组成部分，其健康成长都是人才培养的终极目标。但是，目前我国青少年体质健康整体状况和青少年体育发展不容乐观，在青少年体质健康素养、竞技体育后备体育人才培养、学校体育高质量发展等领域仍然面临着许多挑战。

因此，该书敏锐地抓住这一时代命题和现实难题，选择了站在社会动力运行机制的视角，探讨如何从体育参与的方式来解决这一难题，研究意义不言而喻。该书专注青少年体育参与的动力嬗变与机制构建，通过分析动力愿景、窘境和胜景，以期构建出科学合理的、符合实际情况的青少年体育参与动力机制理论框架，从而可以进一步丰富和完善青少年体育参与的理论体系，为我国青少年体育的发展提供有益的借鉴；同时，探讨青少年体育参与动力机制的良性运行，可以尝试性地为解决青少年体育参与不足的问题提供借鉴，进而提升青少年的体质健康水平，促进青少年全面发展，具有较强的现实意义。

诚然，该书还存在一些有待改进之处，如可以将青少年体育参与放在更宏观的社会大系统中去探讨，用更全面的社会运行机制理论去解释该问题。可喜的是，该书选择社会运行机制理论中重要的动力机制理论，针对该问题展开了卓有成效的探索，后续可以针对青少年体育参与整合机制、激励机制、控制机制、保障机制等进一步深入研究。

授之以鱼，不如授之以渔。我期望也坚信，高泳必将以本书出版为契机，未来不断增强学术研究中"渔"的本领。在未来的学者生涯中，不忘学术求真初心，牢记学术创新使命。不管外部环境如何变化，始终保持独立思考的风范，力求"千磨万击还坚劲，任尔东西南北风"，产出更多的高质量学术成果。

是为序。

孙葆丽

北京体育大学教授、博士研究生导师

2021 年 12 月 20 日于北京

目 录

第一章　导论 ··· 1
　第一节　研究缘起 ··· 1
　第二节　研究目的 ··· 4
　第三节　研究意义及研究对象 ··· 4
　　一、研究意义 ··· 4
　　二、研究对象 ··· 5
　第四节　研究方法 ··· 5
　　一、文献资料法 ·· 5
　　二、问卷调查法 ·· 5
　　三、田野调查法 ·· 5
　　四、访谈法 ·· 6
　　五、数理统计法 ·· 6
　　六、逻辑分析法 ·· 6
　第五节　研究思路 ··· 6
　第六节　理论基础 ··· 8
　　一、社会运行机制理论 ··· 8
　　二、马克思主义需要理论 ·· 9
　　三、社会人的环境理论 ·· 10

第二章　文献综述··· 11
第一节　国内相关研究现状··· 11
一、我国青少年体育相关研究··· 11
二、动力机制相关研究·· 16
三、我国青少年体育参与动力机制相关研究······················· 22
第二节　国外相关研究现状··· 28

第三章　青少年体育参与动力机制相关概念辨析································ 31
第一节　青少年体育参与和青少年体育······································· 31
一、青少年·· 31
二、青少年体育参与·· 33
三、青少年体育··· 34
四、青少年体育参与和青少年体育的关系···························· 38
第二节　运行机制、动力机制与青少年体育参与动力机制·········· 38
一、运行机制·· 38
二、动力机制·· 39
三、青少年体育参与动力机制·· 39
第三节　青少年体育参与动力机制的理论溯源···························· 42
一、青少年体育参与动力机制的理论基础··························· 42
二、青少年体育参与动力与动力机制·································· 42
第四节　小结··· 43

第四章　愿景：我国青少年体育参与动力的应然状态························· 45
第一节　应然状态的形式··· 45
第二节　应然状态的结果··· 46
第三节　应然状态的规定··· 46
一、体育对于青少年全面发展意义重大······························ 46
二、青少年天生爱动的刚性规定··· 48

第四节　小结 ·· 49

第五章　窘境：我国青少年体育参与动力的实然状态 ·············· 50
　　第一节　实然状态的形式 ······································ 51
　　　　一、动力源错位 ·· 51
　　　　二、动力被压抑 ·· 51
　　　　三、动力转化不足 ·· 51
　　第二节　实然状态的后果 ······································ 52
　　　　一、青少年体质健康状况持续下滑 ························ 52
　　　　二、青少年体育后备人才培养严重萎缩 ·················· 53
　　第三节　实然状态的反思 ······································ 55
　　　　一、实然状态的原因 ······································ 55
　　　　二、建构我国青少年体育参与动力机制的必要性 ········ 57
　　第四节　小结 ·· 58

第六章　窘因：我国青少年体育参与动力的影响因素 ·············· 60
　　第一节　主要影响因素筛选 ···································· 60
　　　　一、第一轮施测 ·· 60
　　　　二、第二轮施测 ·· 71
　　第二节　个人因素影响 ·· 85
　　　　一、体育功能观因子 ······································ 85
　　　　二、自身运动基础因子 ···································· 88
　　第三节　家庭因素影响 ·· 93
　　　　一、家庭体育观因子 ······································ 93
　　　　二、家长体育习惯因子 ···································· 99
　　第四节　学校因素影响 ·· 102
　　　　一、体育教师因子 ·· 102
　　　　二、体育课内外融合因子 ·································· 104

三、体育设施及时间保障因子……107
第五节 社会因素影响……114
一、体育的社会地位因子……114
二、大众传媒因子……118
三、同伴影响因子……122
第六节 小结……125

第七章 胜景：我国青少年体育参与动力机制建构……128
第一节 青少年体育参与动力的"需要—满足"特性……129
一、需要的相关概念……129
二、需要必须满足的原因……129
三、需要满足程度的测量……130
四、青少年体育参与需要的满足程度与青少年体育状况……130
第二节 青少年体育参与动力机制结构……132
一、动力主体……133
二、动力传导媒介……166
第三节 青少年体育参与动力机制功能……172
一、动力机制功能体现……172
二、适度动力的度量……172
第四节 青少年体育参与动力机制运作过程手段……174
一、动力源开发：满足3个层次动力主体的合理需要……174
二、动力转化：潜在形态转化为现实动力和体育行为……180
三、动力监控反馈……187
第五节 小结……188

第八章 结论及后续研究建议……191
第一节 结论……191
一、青少年体育参与动力机制的内涵……191

二、我国青少年体育参与不足的危害和社会运行动力机制视角下
　　　　的展现状态……………………………………………………… 191
　　三、影响我国青少年体育参与的因素………………………………… 192
　　四、我国青少年体育参与动力机制的结构…………………………… 192
　　五、构建青少年体育参与动力机制的意义…………………………… 193
　第二节　后续研究建议…………………………………………………… 193
　　一、借鉴社会运行机制中包含的整合机制、激励机制、控制机制、
　　　　保障机制等理论，针对该问题进行更深入的研究………………… 193
　　二、调查群体覆盖面还需要更宽，调查区域还需要更广…………… 193
　　三、从心理学的视角，对于青少年个体层次"体育需要—体育
　　　　欲望—体育动机—体育目标—体育行动"的转化链条，还
　　　　需要更深入的研究………………………………………………… 193

附　录………………………………………………………………………… 195
　附录A　青少年访谈细目…………………………………………………… 195
　附录B　青少年家长访谈细目……………………………………………… 196
　附录C　学校体育教师访谈细目…………………………………………… 197
　附录D　学校体育负责人访谈细目………………………………………… 198
　附录E　政府教育体育部门负责人访谈细目……………………………… 199
　附录F　青少年体育参与的动力现状及影响因素调查问卷……………… 200

参考文献……………………………………………………………………… 205

作者简介及代表性科研成果……………………………………………… 210

后　记………………………………………………………………………… 214

第一章　导论

第一节　研究缘起

少年强则中国强，青年兴则民族兴。青少年是祖国的未来，是现代化事业建设的主力军，青少年的身心健康状况不仅关系到个人的健康成长，更关系到国家民族的兴衰。党和政府高度重视青少年体育和青少年的健康成长。

2007年5月7日，中共中央、国务院发布了《关于加强青少年体育增强青少年体质的意见》，提出增强青少年体质、促进青少年健康成长是关系国家和民族未来的大事。要求高度重视青少年体育工作，认真落实加强青少年体育、增强青少年体质的各项措施，加强领导，齐抓共管，形成全社会支持青少年体育工作的合力。青少年体育不仅仅是青少年健康最积极有效的促进手段，同时还能推动其他素质的全面发展。《国家中长期教育改革和发展规划纲要（2010—2020年）》中指出，把促进学生健康成长作为学校一切工作的出发点和落脚点；要求加强体育，牢固树立健康第一的思想。党的十九大报告提出："我国社会主要矛盾已经转化为人民日益增长的美好生活需要和不平衡不充分的发展之间的矛盾。"人民健康是生活美好的重要基础，改善民生的重要内容，提高全民族的健康素质，青少年是关键，没有青少年的健康，不可能有全民的健康。同时提出："广泛开展全民健身活动，加快推进体育强国建设。"开展青少年体育，增强青少年体质，关乎中华民族的伟大复兴，是全民健身运动的重中之重。

2020年10月，中共中央办公厅、国务院办公厅印发《关于全面加强和改进新时代学校体育工作的意见》，指出以立德树人为根本，以社会主义核心价值观为引领，以服务学生全面发展、增强综合素质为目标，坚持健康第一的教育理念，推动青少年文化学习和体育锻炼协调发展，帮助学生在体育锻炼中享受乐趣、增强体质、健全人格、锤炼意志，培养德智体美劳全面发展的社会主义建设者和接班人。

党的二十大报告提出："广泛开展全民健身活动，加强青少年体育工作，促进群众体育和竞技体育全面发展，加快建设体育强国。"我们理应乘借北京2022年冬奥会成功举办的东风，持续开展青少年冰雪运动，推动青少年体育高质量发展，早日建成体育强国。

1993年，一篇《夏令营中的较量》轰动全国，中日青少年在体质素质方面的差距，引发社会的诸多思考。18年后的2011年，北京两所小学足球队分别以0∶11和3∶7的比分败在了来访的俄罗斯小朋友脚下，足球场上失利的北京小学生们用刺眼的悬殊比分警告我们，当年的问题依然存在。《人民日报》评论："输得起的球赛，输不起的未来。"可见，加强青少年体育是关乎国家和民族未来的大计。

2010年第三次国民体质监测公报表明，在身体形态方面，幼儿的生长发育水平呈持续增长趋势，成年人和老年人超重与肥胖率持续增长、身体机能水平有所回升。在身体素质方面，幼儿的身体素质呈持续增长趋势，成年人的力量耐力持续增长、绝对力量和爆发力呈持续下降趋势，老年人柔韧性和反应能力有所提高、力量素质有所降低[①]。

2021年9月，第八次全国学生体质与健康调研结果表明，我国学生体质健康达标优良率逐渐上升，各年龄组男女生身高、体重、胸围指标均继续呈现上升趋势。但是也发现了学生视力不良和近视率偏高、学生超重肥胖率上升、学生握力水平有所下降、大学生身体素质下滑等一些学生体质与健康状况亟待解决的问题。教育部体育卫生与艺术教育司负责人曾经指出，虽然学生体质健康达标优良率逐渐上升，但是从2014年到2019年，高中生优良率只增加了1.8个百分点，大学生只增长了0.2个百分点，基本上没有增长，说明大学生仍然

---

① 国家体育总局. 2010年国民体质监测公报[EB/OL].（2011-09-02）[2021-11-12]. https://www.sport.gov.cn/n4/n145/c328627/content.html.

没有出现好转，身体素质下滑仍然没有得到有效的遏制。在当前形势下，我们更要高度重视青少年的体质健康问题，下大力气扭转下降趋势。强国必先强教，强教必先强体，强体必须从青少年抓起。不仅是关系国家强弱、民族兴衰的大计，而且也是涉及家庭幸福和谐的民生大计[①]。

另外，青少年体育人才作为竞技体育的后备人才库，由于传统培养方式中的资源配置效率不高、运动训练和文化教育严重脱节、缺乏有效的激励和约束机制、投资渠道单一等因素的制约，也表现为后备人才减少，分布不平衡，结构不合理，总体呈现萎缩趋势。我国在20世纪90年代竞技体育后备人才数量相对稳定，但也表现出二线人员逐渐增多，一线人员逐渐减少的趋势。据有关资料统计，我国竞技体育后备人才1996年有308 282人，到2000年只有150 508人，减少了157 774人。1996—2000年，竞技体育后备人才减少了大约51%。《体育事业统计年鉴》（2000年）中，我国竞技体育后备人才主要集中在山东、广东、四川、辽宁（20 000人以上/省），其次是河南、河北、江苏、云南（15 000人以上/省），然后是湖南、浙江、黑龙江、广西、福建、陕西、安徽、上海（10 000人以上/省、市）。

总之，我国青少年体育发展中存在两大突出问题：一是青少年体质健康状况持续下滑；二是青少年体育后备人才培养严重萎缩。前者关乎青少年群体体质健康和生命质量状况，进而影响未来国家建设的人力资本；后者关乎青少年体育人才的培养，进而影响我国竞技体育的可持续发展和体育强国梦想的实现。综观前人研究，原因有以下4个方面：一是青少年个人因素，缺乏正确的青少年体育价值观，包括对体育价值的认识、对生存生活所必需的认识、体育在生活方式和社会文化中的位置；二是教育因素，包括传统的教育观念、政策法律的执行力、教育评价体制观念；三是社会文化因素，包括传统文化、社会价值观、社会责任、社会结构变迁和生产生活方式；四是家庭因素，包括家庭的教育观、成才观、经济状况、体育氛围及幼儿体育。

笔者认为造成上述两大突出问题背后最直接的原因就是青少年体育参与动

---

① 蒋效愚.青少年的体质健康关乎中华民族复兴[N].北京日报，2011-08-08.

力不足，站在社会运行机制的角度，即青少年体育参与没能达到良性运行状态。由于我国青少年体育参与动力存在问题，同时动力机制是运行机制体系的重要组成部分，因此，本研究从社会运行动力机制的视角，针对青少年体育参与动力源错位、动力受到抑制、动力转化不足3个动力问题进行研究，通过探讨制约青少年体育参与动力的因素，力争对我国青少年体育参与的动力机制进行建构，从而促进青少年的体育参与，消解当前的困境，推动青少年体育的发展。

第二节 研究目的

本研究以河南省为调查范围，对青少年体育参与动力机制中存在的问题，运用社会学、文化学、教育学等多学科的理论视角进行剖析，力求达到以下目的：通过分析我国青少年体育参与动力机制的现状，找出制约体育参与动力机制良性运行的因素，进而建构我国青少年体育参与动力机制的框架，力争为青少年体育参与提供适度动力，促进青少年体育的发展。

第三节 研究意义及研究对象

一、研究意义

（一）理论意义

本研究拟构建出科学合理的、符合实际情况的青少年体育参与动力机制理论框架，从而进一步丰富和完善我国青少年体育参与的理论，为我国青少年体育的发展提供有益的借鉴。

（二）现实意义

目前我国青少年体育发展令人担忧，河南省青少年体育的发展也面临着青少年体质健康状况下滑、后备体育人才培养萎缩、学校体育现状欠佳、学校体育和社会体育及家庭体育严重脱节等相似的突出问题，但也处在一个转型发展的重要时期。因此，从青少年体育参与动力机制理论的视角，以河南省为调查对象，探讨青少年体育参与动力机制的良性运行，可以尝试性地解决青少年体育参与不足的问题，具有一定的现实意义。

二、研究对象

以河南省部分中学生、家长、学校、教育管理部门为调查对象，以我国青少年体育参与中3个层次的动力主体、动力传导媒介及动力机制运作过程为研究对象。

第四节 研究方法

一、文献资料法

通过中国期刊网等学术资料网站查阅整理2013年之前的相关文献资料，以及联合国教科文组织、国家体育总局，还有河南省政府、河南省体育局与教育厅发布的政策法规，进行系统的学习领会，厘清该领域的发展脉络、背景、研究成果、存在问题和有待改进之处，为本课题深入研究提供坚实的基础，同时结合本课题的研究重点，从中挑选归纳出更为贴近主题的文献资料，并探索其写作背景、背后原因，力争形成新的思考。

二、问卷调查法

对河南省部分城市和农村学校的青少年进行科学规范的问卷调查，在短期内收集较多样本的信息，获得受访者对目标问题的认知、态度和建议等，并对数据进行分析。问卷调查对象、抽样方法及样本选择、设计方法、信效度检验、发放及回收在文中有所解释。

三、田野调查法

问卷调查属于量化研究，田野调查属于质化研究，二者的结合可以使本研究从广度和深度同时获得第一手资料。在问卷调查的基础上，通过对代表性的个案参与式观察及访谈，形成对研究问题的亲身感受。在此基础上，为构建青少年体育参与动力机制提供坚实的基础。根据研究目的的需要，在选择个案进行田野调查时，遵循"有普遍共性、有代表性、有辐射意义"的原则，确定以下两个参与观察对象：一是学校的体育教师和体育负责人；二是青少年，以了解该校青少年体育参与的基本状况。

四、访谈法

根据研究目标，确定访谈对象，一是政府教育、体育部门负责人；二是学校体育负责人、体育教师；三是体育参与较好的和较差的青少年，以参与式观察和教师评价的定性判断为准；四是体育参与较好的和较差的青少年家长。访谈和田野调查同时进行，有计划、有准备、有预约，对拟定的访谈问题，采取受访人自由回答的形式，进行一对一、面对面的深度访谈，借以了解青少年体育参与动力的现状。

五、数理统计法

对问卷调查的结果，运用 EXCEL 2010 和 SPSS 16.0 版本，主要采用因素分析、CR 值、相关性分析、独立样本 t 检验、单因素方差分析、多重比较分析等数理统计方法对样本数据进行统计分析。

六、逻辑分析法

根据研究设计框架，对我国青少年体育参与的困境、导致体育参与不足的影响因素及如何站在社会运行动力机制的视角，采取建构青少年体育参与动力机制的办法来解决青少年体育参与动力源错位、动力受限、动力转化不足而导致的体育参与不足等问题。

第五节　研究思路

本研究在厘清青少年体育参与动力机制相关概念的前提下，首先探讨青少年体育参与动力机制的应然状态，是具备天然的体育参与的动力？还是不具备这种天然动力，而需后天培育？假设青少年都有进行身体活动，体育参与活动的天然冲动，即动力是刚性的。其次分析我国青少年体育参与动力机制的实然状态，是未受引导而自然发展？还是受到引导而更好发展？还是受到压抑而未能发展？假设青少年具备体育参与的天然动力，在现实中受到压抑而未能释放，任其自生自灭，更别提受到引导而更好地发展。再次，探寻现实中制约我国青少年体育参与动力机制的因素。最后针对制约因素，建构体育参与动力机制模型，如图1-1所示。

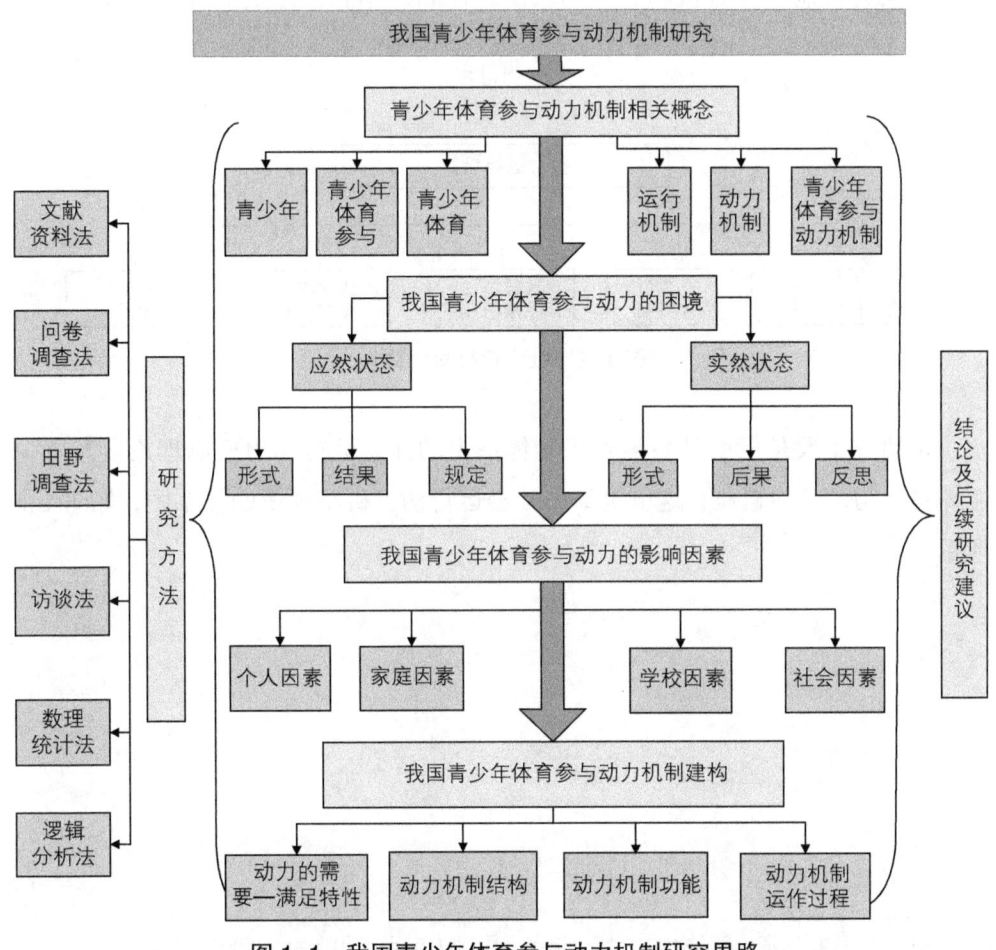

图1-1 我国青少年体育参与动力机制研究思路

第六节 理论基础

一、社会运行机制理论

社会运行机制作为社会运行"带规律性的模式",按照社会运行机制的层次,可将其分为一级、二级、三级、四级等,这样社会运行机制就不再是一个空洞、抽象的概念,而是由许多具体的机制组成的社会运行机制体系,包括社会运行动力机制、整合机制、激励机制、控制机制和保障机制5个二级机制,如图1-2所示[①]。

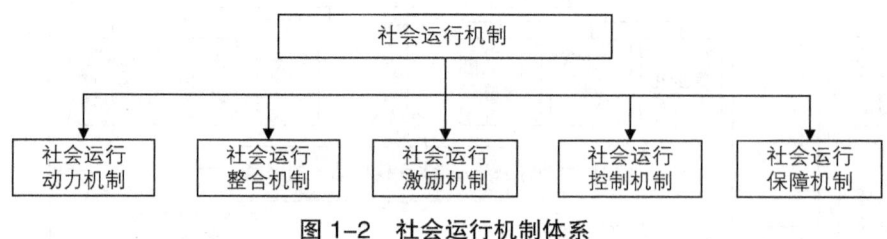

图1-2 社会运行机制体系

本研究主要是借助社会运行机制体系中的社会运行动力机制理论研究青少年体育参与的动力机制,这里也列出社会运行动力机制理论的体系图,如图1-3所示。

---

① 郑杭生.社会学概论新修[M].3版.北京:中国人民大学出版社,2003:33-37.

第一章 导论

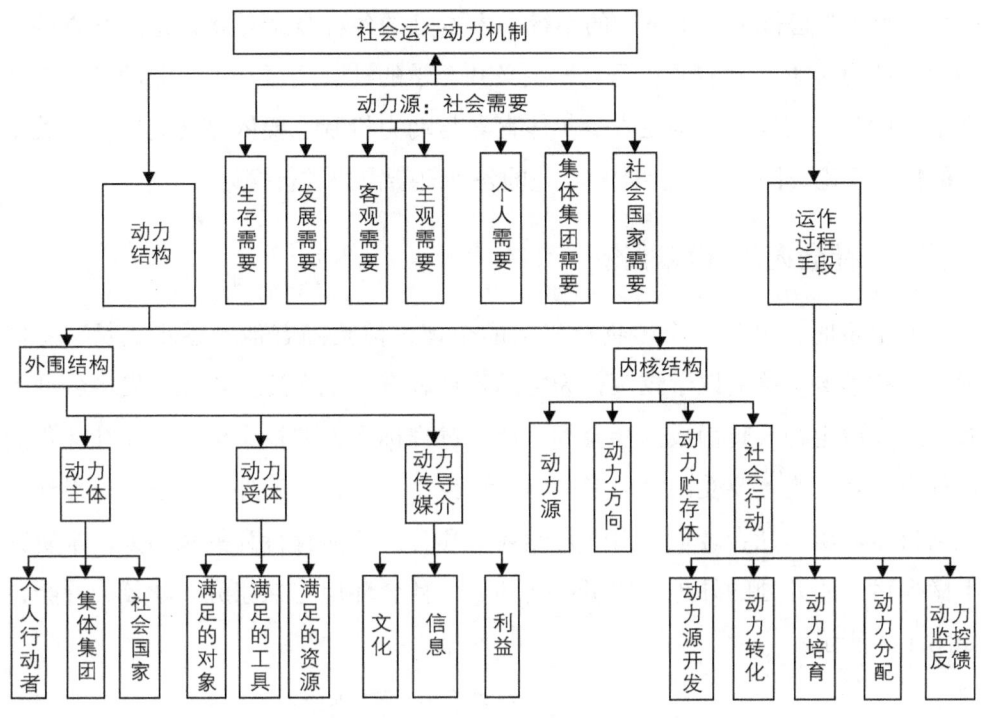

图1-3 社会运行动力机制体系

二、马克思主义需要理论

马克思主义关于人的需要的理论，是我们思考现实中的需要问题的基础。在《德意志意识形态》中，马克思和恩格斯在论及人类社会历史发展时，第一次明确提出了关于需要问题的基本观点——人们之间的关系，进而社会制度是由人的需要及作为满足需要的手段生产方式决定的。马克思主义经典作家们从人的需要入手，一开始就紧紧抓住了社会动力的根本。"人们为了能够'创造历史'，必须能够生活。但是为了生活，首先就需要吃喝住穿及其他一些东西。因此，第一个历史活动就是生产满足这些需要的资料，即生产物质生活本身。"① "已经得到满足的第一个需要本身、满足需要的活动和已经获得的为满足需要而用的工具又引起新的需要，而这种新的需要的产生是第一个历史活

---
① 中共中央马克思恩格斯列宁斯大林著作编译局. 马克思恩格斯全集（第1卷）[M]. 2版. 北京：人民出版社，1995：79.

动。"① 社会运行是一个复杂的系统，人本身的各种复杂需要则是最基本的原动力。动力源于人的需要。马克思主义社会学的社会运行动力机制的第一个基本范畴就是"需要"。构建青少年体育参与动力机制也要依靠马克思主义关于人的需要理论，围绕青少年体育参与的各种复杂需要进行探讨。

三、社会人的环境理论

人出生时，只是一个生物意义上的个体，但是随着他的逐步成长，受周围环境的影响，接受以学校教育为主的各种教育，就会逐步与社会发生各种关系，逐步由生物人转而成为社会人，这一过程称为人的社会化。人在社会化的过程中，其行为主要受两大因素影响：青少年个人自身和外界环境，外界环境包括自然环境和社会环境，由于自然环境和青少年体育行为关系不大，本研究不做探讨，故此处的外界环境指社会环境。社会环境包括家庭、学校、社会，如图1-4所示。

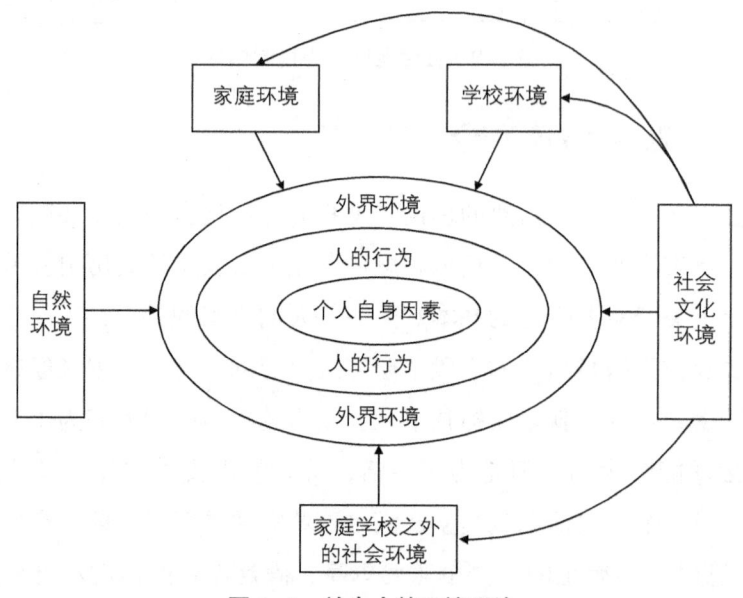

图1-4 社会人的环境理论

---

① 中共中央马克思恩格斯列宁斯大林著作编译局. 马克思恩格斯全集（第1卷）[M]. 2版. 北京：人民出版社，1995：79.

第二章　文献综述

本研究通过查阅国家图书馆馆藏书刊书目、国家哲学社会科学基金资助课题、国家体育总局体育哲学社会科学课题、国外学术搜索引擎及中国期刊网数据库（2006—2013年）、中国优秀硕博士学位论文数据库及政府相关政策法规，进行文献资料的搜集。根据目前所掌握的文献资料，经过分析归类，本研究拟从我国青少年体育、动力机制、我国青少年体育参与动力机制相关研究3个层次进行文献综述。其中，我国青少年体育相关研究包括我国青少年体育困境、体育困境因素、体育困境消解研究3个方面；动力机制相关研究包括机制、运行机制、动力机制、动力机制与平衡机制的关系、动力机制应用领域研究5个方面；我国青少年体育参与动力机制相关研究包括体育运行机制及动力机制、我国青少年体育参与动力机制、动力机制困境、动力机制困境因素、动力机制建构、动力机制实践研究6个方面。

第一节　国内相关研究现状

一、我国青少年体育相关研究

（一）我国青少年体育困境研究

1. 青少年体质健康状况不容乐观

钟秉枢认为我国青少年体育工作面临青少年体质持续下降、体育后备人才培养规模萎缩、学校体育工作不容乐观等多方面的挑战[1]。张之沧认为大中小学生体能、力量、视力、反应、自我生存、自我保护能力和各项生命指数急剧下降；心理、生理疾病和精神问题与日俱增；悲观情绪、自杀倾向日益严重[2]。

2. 青少年体育后备人才培养萎缩

胡小明认为我国业余体育训练培养目标的单一、教练员知识结构的缺陷不可避免地带来对文化教育的忽视，使低成才率和高淘汰率成为常态。"体教结合"难行的原因是广大需要参与体育活动和进行运动训练的学前儿童和课外青少年要么"入行"专学专训，要么被遗忘于公共体育服务体系之外[3]。杨再淮等认为社会需求与青少年运动员综合素质发展不协调，已成为后备人才培养工作的瓶颈。我国竞技体育后备人才市场还远没有满足青少年运动员及家庭的需求[4]。

3. 其他方面

孙小岳认为大多研究者避开了幼儿与青少年之间的联系，忽视了幼儿体育教育对增强青少年体质的作用。幼儿体育教育并不缺乏纲领性文件，但教育主管部门及幼儿园对幼儿体育的重视程度不够，对于如何改善幼儿体育现状，双方都被动地寄希望于对方率先改变，调控者和实施者沟通不畅是幼儿体育教育水平发展缓慢的主要原因[5]。

---

[1] 钟秉枢. 中国体育可持续发展的重要举措：写在国家体育总局青少年体育司成立一周年之际 [J]. 北京体育大学学报，2011，34（4）：1-4.

[2] 张之沧. 从南京青奥会看中国体育的战略转向 [J]. 体育与科学，2011，32（4）：13.

[3] 胡小明. 从"体教结合"到"分享运动"：探索竞技运动后备人才培养的新路径 [J]. 体育科学，2011，31（6）：6-8.

[4] 杨再淮，项贤林，倪伟，等. 我国竞技体育后备人才目标市场的研究 [J]. 体育科学，2006，26（4）：16-20.

[5] 孙小岳. 幼儿体育的制度保障研究 [D]. 上海：上海体育学院，2011.

第二章 文献综述

（二）我国青少年体育困境因素研究

1. 青少年自身因素

任海认为我国青少年健康状况的持续下降，进行干预的手段也是多样的，但无论从何种角度切入，体育因素都是不可或缺的。我国青少年体育的现实状况受多种因素的影响，其中最核心的是体育价值观，即社会特别是青少年群体自身对体育及体育行为类别选择的价值判断，体育价值观对青少年的体育动机和体育行为至关重要，决定着其有无体育行为及有何种体育行为[①]。孙开宏认为无体育道德行为的频繁出现会使青少年运动员产生消极体验，从而导致青少年运动员训练和比赛动机的下降甚至完全退出体育运动[②]。

2. 教育因素

杨贵仁认为当前学生体质健康不容乐观的主要原因是学生中普遍存在"知行冲突"现象，缺失学生体质健康教育，应该是习得性教育与养成性教育结合的泛教育[③]。刘新华等认为学生身体素质下降有以下原因：一是学校片面追求升学率导致挤占学生体育课和课外体育锻炼时间的现象还较严重；二是学习负担较重，参加体育锻炼的机会减少；三是国家关于学校体育工作的要求和措施得不到落实；四是教育理念对儿童、青少年在个性发展上的作用重视不够，过多地强调学生在校期间的近期效益，忽视了对学生走上社会后终身进行体育锻炼的功能与价值[④]。王羽呼唤"让生命回归到体育之中"，诠释了体育教学的生命价值意蕴、对生命教育视野下的体育教学进行建构[⑤]。

3. 社会因素

王秀霞等认为青少年体育参与和运动启蒙及社会关系密切联系，青少年参

---

① 任海. 南京青奥会与我国青少年体育价值观的重塑 [J]. 体育与科学，2011，32（4）：2-16.

② 孙开宏. 青少年运动员体育道德取向的预测与干预 [D]. 上海：华东师范大学，2011.

③ 杨贵仁. 学生体质健康泛教育论 [D]. 福州：福建师范大学，2007.

④ 刘新华，张建，蔡睿. 对上海、东京两地儿童、青少年身体素质影响因素的比较分析 [J]. 中国体育科技，2009，45（6）：115.

⑤ 王羽. 体育教学世界的生命回归探索 [D]. 长春：东北师范大学，2009.

与体育的中止或改变受到身份的变化、接近资源的机会、生命历程及环境的变化等因素的影响,其直接原因是过度劳累和身份缺失,中止的目的是为了更好地融入社会生活[①]。朱瑜等认为同伴关系中个体的自尊、运动成就认知将会影响青少年对于体育运动的情绪体验、参与动机,进而影响行为投入[②]。孙志伟认为科学技术加剧了环境的恶化和人类劳动方式的转变,生产生活方式逐渐由体力劳动向脑力劳动转移,静态化生活方式的程度越来越高,青少年的身体素质受到极大的影响[③]。

4. 家庭因素

张添胜认为家长的急功近利、教育观念、家庭体育氛围状况,青少年锻炼的持续性、体育能力高低、惰性、周围体育环境是影响家庭体育开展的主要问题。家庭教育对加强青少年体育、增强青少年体质起着关键作用,家庭体育在家庭教育中占据重要地位,要求改善家庭的体育活动,鼓励家长和孩子共同参加体育锻炼,强化家长对学生体育参与的积极影响,形成学校与社区、家庭相结合的青少年体育网络[④]。

5. 综合因素

平杰认为我国青少年体育面临着学校体育教育缺位与错位、社会责任相对缺乏、地域经济社会发展规划不到位及环境舆论定位不准等问题。学校体育忽视或偏向精英;经济社会规划漠视青少年体育;青少年体育是一项社会公益事业,全社会应共同担当起青少年健康成长的社会责任,但目前是缺失的;青少年体育的社会舆论环境仍面临着片面的教育观、畸形的人才观和落后健康观的

---

① 王秀霞,翟强,刘卫.西方社会学视角下我国青少年参与体育历程及结果[J].体育学刊,2010,17(7):28-31.

② 朱瑜,郭立亚,陈颇,等.同伴关系与青少年运动动机、行为投入的模型构建[J].天津体育学院学报,2010,25(3):218-219.

③ 孙志伟.基于健康促进理论下大学生体育运动行为影响因素的调查研究[D].上海:华东师范大学,2011.

④ 张添胜.上海市徐汇区少年儿童参与家庭体育的现状及对策研究[D].上海:上海师范大学,2010.

第二章 文献综述

困扰[①]。顾渊彦认为学生体质下降,影响原因主要为社会、教育、体育三大因素;张也可认为,一是从理念上没有把体育作为一种生活方式,二是现在的文化不是一个崇尚体育的文化[②]。张宁认为目前阻碍我国中小学生体育学习动力的包括社会环境因素、学校因素、家庭因素、个人因素[③]。

(三)我国青少年体育困境消解研究

胡小明认为青少儿体育应自儿童始;把"分享运动"的人文价值观作为理论导向,使健康第一的指导思想与课外、校外、假期、家庭、社区体育活动衔接,建立健全符合国情的公共服务体系,才能保障广大青少儿成为基本公共服务均等化最受益的对象,使体质健康水平可持续提高[④]。肖林鹏等认为构建我国青少年体质健康服务体系是提高青少年体质健康水平的重要路径。明确青少年强烈需求体质健康是前提,合理的运行机制是保证体系良性运转的关键[⑤]。杨再淮等认为我国竞技体育后备人才市场的定位,应首先满足青少年的健康需求,为全面发展奠定基础;其次满足家庭(个人)的升学需求,为提高社会竞争力创造条件;最后满足专业的更高择业需求,为优秀运动队、职业体育俱乐部输送一定数量的优秀的后备人才[⑥]。

当前我国青少年体育中存在诸多问题:如青少年体质健康状况持续下滑、青少年体育人才培养严重萎缩、学校体育工作不容乐观、地方政府对青少年体育工作关心不够、体育场地设施匮乏及开放不足等,但从上述文献综述可以看

---

① 平杰. 体育强国视域下我国青少年体育的发展[J]. 上海体育学院学报, 2011, 35 (1): 47–50.
② 李一宁, 顾渊彦, 傅宏, 等. 增进青少年体质座谈会发言摘要[J]. 体育与科学, 2007, 28 (2): 2–6.
③ 张宁. 我国中小学生体育学习动力研究[D]. 北京:北京体育大学, 2008.
④ 胡小明. 体育发展新理念: "分享运动"的人文价值观与青少儿体育发展路径[J]. 体育学刊, 2011, 18 (1): 8–13.
⑤ 肖林鹏, 孙荣会, 唐立成. 我国青少年体质健康服务体系构建的理论分析[J]. 天津体育学院学报, 2009, 24 (4): 281–284.
⑥ 杨再淮, 项贤林, 倪伟, 等. 我国竞技体育后备人才目标市场的研究[J]. 体育科学, 2006, 26 (4): 16–20.

出,中国青少年体育存在以下两大突出问题:一是青少年体质健康状况持续下滑,二是青少年体育后备人才培养严重萎缩。纵观学界的研究成果,造成上述突出问题的原因有以下5个方面:一是青少年个人因素,缺乏正确的青少年体育价值观,包括对体育价值的认识、对体育之于人生存生活意义的认识、体育在生活方式和社会文化中的位置;二是教育因素,包括传统的教育观念、政策法律的执行力不足、教育评价体制观念落后;三是社会文化因素,包括以儒家占主流的传统文化、社会价值观动荡、社会责任意识不强、社会结构变迁和生产生活方式的负面影响;四是家庭因素,包括家庭偏颇的教育观、成才观、家庭经济状况、家庭体育氛围及对幼儿体育的重视程度;五是体育资源无法满足青少年体育发展的需求。

二、动力机制相关研究

(一)机制

机制是英语"Mechanism"的意译,意指机器、机械。《辞海》将机制解释为:原指机器的构造和动作原理,生物学和医学通过借用此词类比,用以分析证明生物机体的功能和机理。

综合考察机制的含义,最初机制是指机器运转过程中各个部件之间的相互作用的连接及运转方式。随着内涵的不断延伸,已引申为各个学科领域广泛使用的术语。机制作为一个普适性的概念,有三层基本含义:一是指事物各组成要素的相互联系,即结构;二是指事物在有规律性的运动中发挥的作用、效应,即功能;三是指发挥功能的作用过程和作用原理。结构、功能、运作过程和原理是构成机制的3个基本要素[①]。

(二)运行机制

1. 运行机制的含义

从社会学的角度分析,郑杭生认为社会运行机制是指人类社会在有规律的

---

① 郑杭生,李强. 社会运行导论:有中国特色的社会学基本理论的一种探索[M]. 北京:中国人民大学出版社,1996:3.

运行过程中，影响这种运动的各组成因素的结构、功能及其相互联系以及这些因素产生影响、发挥功能的作用过程和作用原理，简要地说，也就是社会运行"带规律性的模式"[①]。运行机制指运行的结构、功能及作用原理及过程，制度是其运行的保障。

2. 运行机制的结构

张长征等认为运行机制可以划分为机理层和制度层两个层面。其中，机理层属于概念性、理念性的层次，而制度层则属于实际、可操作的层次[②]。吴家桂从动力机制、目标机制、保证机制3个方面分析终身德育的运行机制，动力机制是社会发展和个体成长的需要，目标机制是个体至善与社会至善的结合，保证机制是个体良心与社会舆论的互动[③]。

（三）动力机制

1. 动力机制的含义

郝英奇等认为动力机制是从机制的视角研究如何调动人的积极性，通过合理的机制设计，使得组织自动运行、"无为而治"[④]。岳天明认为社会发展的动力机制在于社会成员主体地位的强调[⑤]。潘玉琴等认为人和成人教育组织行为效用最大化是人行为的动力源[⑥]。

2. 动力机制的结构

岳天明认为少数民族地区的发展决不能离开民族社会成员发展创新的内源动力和动力源。第一，要激活需要的"源头"，这是努力实现甘肃少数民族地区农村社会发展的潜在驱动力向现实驱动力转化的前提。第二，要引导需要

---

① 郑杭生. 社会学概论新修 [M]. 3版. 北京：中国人民大学出版社，2004：135.
② 张长征，惠调艳. 大学科技园运行机制规划的初步探讨 [J]. 科技管理研究，2006（9）：37-38.
③ 吴家桂. 终身德育的运行机制分析 [J]. 教育学研究，2007（12）：124-127.
④ 郝英奇，刘金兰. 动力机制研究的理论基础与发展趋势 [J]. 暨南学报（哲学社会科学版），2006（6）：50-56.
⑤ 岳天明. 甘肃少数民族地区农村社会发展动力机制研究 [D]. 兰州：兰州大学，2006.
⑥ 潘玉琴，印香俊. 我国成人教育的动力机制分析 [J]. 成人教育，2011（6）：32-33.

的方向和层次，防止在得到生活保障的同时，找不到从事生产的新路子，结果引起精神生活的衰颓。从甘肃少数民族地区农村社会发展的动力要素及其分类入手，分析了"内源"动力及其聚合，"外源"动力及其最大化模式，以及"内""外"源动力的聚合规律[①]。

郝英奇认为动力机制是由权力、责任、利益3个要素构成，利益是员工的本质追求和动力初始来源；责任是动力的附着点，追求利益动力需要依托责任，通过履行责任而实现组织目标；权力则是履行责任的必要保障[②]。李杰认为动力机制包含两个方面：一是就个体的人性层面来说，包含动因的开发，即不断满足人的合理需要；二是从社会层面来说，动力机制还包含动能的开发。动因是人的内在机制，动能是外部条件，主要有政治环境、经济环境和文化环境等[③]。

3. 动力机制功能

郑杭生认为运行动力机制就是为事物运行提供适当动力[④]，目标指向动力主体需要的满足程度。李杰认为动力机制应该发挥不同主体的能动性、创造性来推动社会的进步与发展，从而创造更多的物质财富与精神财富，满足不同个体的多种需要[⑤]。

（四）动力机制与平衡机制及动力的关系

李杰认为动力机制与平衡机制是社会发展的根本机制。动力机制包括动因和动能的开发，即社会应为人的创造本性和创造能力提供平台。平衡机制是社会达到和谐、有序状态的重要机制。动力机制与平衡机制两者在理论逻辑上是统一的，但在现实当中两者有时是分裂的，表现为机会、分配和结果三大公正的缺失。除了应注重社会发展的动力机制，激发社会活力，还要注重平衡机

---

① 岳天明. 甘肃少数民族地区农村社会发展动力机制研究 [D]. 兰州：兰州大学，2006.
② 郝英奇. 管理系统动力机制研究 [D]. 天津：天津大学，2006.
③ 李杰. 动力机制与平衡机制的协调运行 [J]. 求实，2008（4）：61-63.
④ 郑杭生. 社会学概论新修 [M]. 3版. 北京：中国人民大学出版社，2003：36-42.
⑤ 李杰. 动力机制与平衡机制的协调运行 [J]. 求实，2008（4）：61-63.

制，促进社会的和谐稳定[①]。

动力即事物运行一切力量的来源，主要分为机械类和管理类。一是使机械做功的各种作用力，如水力、风力、电力等。二是泛指事物运动和发展的推动力量。现代管理中可将动力分为物质动力、精神动力、信息动力。动力源是动力的源泉，社会需要是社会运行的动力源，马克思主义经典作家从人的需要入手，抓住了社会动力的根本。

综上所述，机制包括结构和所用过程、原理，目的是发挥一定的功能，功能指向目标。运行机制结构包括动力、目标、投入、协调、激励、保障，它们并不是孤立存在的，而是从不同角度对运行机制发挥着作用，要想达到整体良好运行，还需各个结构要素互相配合，发挥合力，做到既有动力，又平衡有秩序的运行。运行动力机制结构也包括需要，要引导需要的方向和层次，有内在结构和外在结构之分，还应从动力因素交替、更迭的角度去认识动力机制的演进和更新。运行动力机制包含以下含义：推动事物发生、发展的各种力量，以及这些力量作用的方式和效果，主要是调动人的积极性，以人为中心，应做好内力和外力的合力最大化。

（五）动力机制的主要应用领域

1. 经济

根据经济增长理论研究的最新成果，有学者认为决定经济长期增长的驱动力量包括各种生产要素投入的增加和技术进步。将中国改革开放以来经济增长的动力机制归纳为：以工业和服务业为产业主导、以城市化为空间载体、以市场化为体制保障和以国际化为战略支撑的发展模式，共同推动中国经济的持续高速增长。也即工业化、城市化、市场化与经济国际化是支撑中国经济的四大引擎[②]。

[①] 李杰. 动力机制与平衡机制的协调运行 [J]. 求实，2008（4）：61-63.
[②] 沈坤荣，付文林，李子联. 中国经济增长的动力机制与发展方式转变 [J]. 江苏行政学院学报，2011（1）：45-48.

2. 文化

孙瑞祥认为当代中国流行文化生成机制与传播动力是复杂和多元的，是内源性因素与外源性因素共同作用的结果，需要运用复杂系统与复杂性科学理论加以分析。中国社会发展的世俗化是流行文化生成的政治动力、开放与自信的文化心态是精神动力、后现代文化思潮是思想动力、消费社会形成的消费文化是市场动力、城市化与休闲生活方式是社会动力，构成了其主要分析框架与研究视角[①]。

3. 教育

马树强认为区域教育合作的动力机制涉及影响合作的内生牵引力、外生推动力、合作阻力等因素。内生牵引力是由教育合作主体自身内在需求而形成的内力。外生推力主要来自政府的要求、安排或鼓励。合作阻力是预测教育合作顺利程度的一个指标。当区域教育合作的内生动力大于合作阻力或外生推动力大于合作阻力时，区域教育合作就有希望实现[②]。

4. 政府公共服务

孙晓莉认为公共服务创新的动力机制，其具体的推动力主要有：一是公共服务创新是应对社会治理危机时的产物，社会危机问题的答案；二是公共服务创新的发展导向是政府动员和汲取社会资源、加快经济社会发展的产物；三是公共服务创新是公民权利意识和维权动机增长的产物；四是公共服务创新是地区间政府竞争、政策移植的产物[③]。

5. 体育

笔者在中国期刊网（2006—2013年）以"篇名"形式依次输入关键词——"运行机制""发展机制""运行规律""动力机制""动力"分别检索到

---

① 孙瑞祥.当代中国流行文化生成的动力机制：一种分析框架与研究视角[J].天津师范大学学报（社会科学版），2009（3）：51-55.
② 马树强.区域教育合作探析：模式、动力机制、过程模型[J].国家教育行政学院学报，2010（7）：3-5.
③ 孙晓莉.政府公共服务创新：类型、动力机制及创新失败[J].中国行政管理，2011（7）：48-49.

5937 条、2025 条、127 条、2284 条、68 663 条结果。为获得运行动力机制在体育领域中的研究现状，又以"体育""运动""竞技体育""学校体育""大众体育""青少年体育"为关键词进行结果中的二次检索，如表 2-1 所示。

表 2-1　运行动力机制在体育领域中的研究成果

单位：条

关键词	运行机制	发展机制	运行规律	动力机制	动力	运行动力机制
	5937	2025	127	2284	68 663	2
体育	129	24	0	43	174	0
运动	11	6	0	3	253	0
竞技体育	12	0	0	4	10	0
学校体育	2	0	0	3	5	0
大众体育	2	0	0	0	1	0
青少年体育	3	0	0	2	3	0

资料来源：中国期刊网。

由表 2-1 可见，"运行机制"概念已经被广泛应用于体育科学领域，虽然数量不多，但也取得了一些尝试性的成果。从现有与青少年体育相关的研究成果看，研究角度主要包括"阳光体育运动"如何运行、学校体育工作的运行机制、构建青少年体育动力机制等。

在上述相关研究中，曹卫华认为随着体育科学的发展，机制的概念也从自然科学领域中借用、移植到体育科学领域。对基于自然科学的机制概念的引申是体育科学借鉴自然科学方法论的产物。在体育科学中，人们往往把机制与运行机制联系起来，从机制的层面和视角观察体育运行，从体育发展变化过程中的宏观动态视角来认识、把握和解决体育发展中的种种问题。竞技体育的运行机制指在我国体育制度和体制下，形成的竞技体育系统各要素相互联系和相互作用的模式及其运作方式。它从动态的方面规范竞技体育的运行过程，包括决策、执行、监督、协调、控制等环节，以及对竞技体育系统中人、财、物、信息等资源的支配方式。一方面,竞技体育运行机制的合理化与科学化程度直接受体育体制的影响和制约;另一方面,竞技体育运行机制是否合理也反作用于竞技体育体制安排的实际效果[①]。

三、我国青少年体育参与动力机制相关研究

(一)体育运行机制及动力机制研究

1. 体育运行机制研究

张晓琳认为竞技体育运行机制包括3种形式,分别是以政府为主导的国家机制、以市场为导向的市场机制和以社会为导向的社会机制[②]。韩会君认为青少年体育俱乐部的运行机制主要是指确保青少年体育俱乐部顺利开展并取得成效的各种组织、制度、政策及法规等的集合[③]。肖林鹏等认为青少年体质健康服务体系的关键在于建立合理有效的运行机制,即指青少年体质健康服务体系内各功能要素发挥的作用过程和原理[④]。傅森认为青少年体育俱乐部的运行机制是与俱乐部运行的整体结构和有关的管理方式和手段,以及该机制运动的规则[⑤]。

2. 体育动力机制

陈亚中认为动力机制的动力产生于需要,就是人,即运动员的需要。动力主体通过参加五人制足球竞赛来满足各自的需求,来指向动力受体,而其中五人制足球竞赛体制就是动力的传递媒介,只要满足了3个层次运动员的不同需要,竞赛体制的运行就能畅通起来,就能呈现良性运行的状态[⑥]。唐智明认为运行的适度动力是保持系统持续、稳定发展的必备条件,应包含3个不同的层

---

① 曹卫华. 我国女足后备人才培养研究 [D]. 北京:北京体育大学,2008.
② 张晓琳. 中美竞技体育管理体制与运行机制的比较研究 [D]. 北京:北京体育大学,2011.
③ 韩会君. 国家青少年体育俱乐部运行机制的研究 [J]. 中国体育科技,2006,42(6):6-7.
④ 肖林鹏,孙荣会,唐立成,等. 我国青少年体质健康服务体系构建的理论分析 [J]. 天津体育学院学报,2009,24(4):282-284.
⑤ 傅森. 河南省青少年体育俱乐部运行状况与机制的研究 [D]. 武汉:武汉体育学院,2009.
⑥ 陈亚中. 对我国五人制足球竞赛体制建设目标的研究 [D]. 北京:北京体育大学,2010.

次,即个体层次(指运动员和教练员)、群体层次(指学校和大学生群体)、社会层次(指国家和社会)[①]。

(二)青少年体育参与动力机制

曹卫华认为动力机制主要研究女足后备人才培养中系统运行的适度动力问题。女足后备人才培养按照需要主体的层次划分,可将动力主体划分为微观层次(如运动员、教练员、管理人员等个体),中观层次(如俱乐部、体校、足球学校等)和宏观层次(国家、社会)3个层次。各个主体的需要都可以转化为推动女足后备人才培养的动力[②]。

综上所述,学者们站在不同角度对体育运行机制的含义进行了研究,取得了一定的成果,对体育运行机制进行了分类,虽然对其下属的二级机制有不同的划分,但大多学者认为应该包含动力机制,只是有的学者借用激励来强调动力对于体育运行的重要性;另外对于动力主体的分类及其需要的研究是很有建设性意义的,但没有指出如何开发3个层次动力主体的需要,也存在着认识模糊的问题,如对目标机制、激励机制、动力机制还尚无定论,存在很大争议。

(三)我国青少年体育参与动力机制的困境

曹卫华认为计划经济体制下我国女足后备人才培养的动力机制有诸多问题:一是从动力的结构来看,国家既是动力发生的主体,又是动力利用的主体。个体与集体的需要被强制统一在国家需要之内。二是在这种动力的传导媒介上,政治利益是唯一可以传导的。而且是个人利益服从集体利益,集体利益服从国家利益。三是在国家主体的宏观层面,女足后备人才的一切培养活动都是围绕国家政治需要进行的。"政治需要"成为女足后备人才培养的动力之源。呈现出如下特征:第一,强调政治需要,造成国家与社会需要和个人需要的对立。国家需要、社会需要取代了运动员的个体需要,后备人才全面发展的需要被忽视。第二,强调精神需要,忽略物质需求,只讲精神,不讲物质。第三,个体满足需要的权利与"为国争光"的义务相对立。漠视个体需要和利

---

① 唐智明. 我国成人教育的动力机制分析 [J]. 北京体育大学学报, 2007, 30 (1): 87-89.
② 曹卫华. 我国女足后备人才培养研究 [D]. 北京:北京体育大学, 2008.

益，讲义务，少权益[1]。

  唐建倦认为竞技体育后备人才培养动力机制存在诸多问题，从动力源的开发看，在国家主体的宏观层面，只考虑国家对竞技体育后备人才培养的政治需要。在集体层面和个人层面，由于强调集体与个人需要必须服从国家需要，在国家计划保障下，在基本满足生产性需要和生存需要后，其他层次的需要就没有顾及，忽视集体与个体的物质利益需要，集体与个体的动力没有被充分激活。在长期计划经济体制下，竞技体育后备人才培养的动力机制在实践运行中逐渐偏离了需要—行为规律。在这种错误的影响下，形成了一个漠视运动员个体需要和利益、以禁欲主义和非经济手段（行政的、集权的、强制的手段）来培养竞技体育后备人才的培养模式和管理体制[2]。葛幸幸等认为在为学校争光的动力需求上三者间有不同反映[3]。唐智明认为从社会需要理论来讲，随着我国竞技体育体制改革的不断深入，由大学生自己组队参加世界大学生运动会将成为发展趋势，大学生运动员参加世界大赛是国家的需要，也是全社会的需要，这给高校高水平运动队提出了更高的要求，同时也提供了更大的动力源[4]。

  综合以上学者的观点，笔者认为当前的中国青少年体育运行动力机制较之计划经济体制时代，已经有了较大改观，但依然存在不少问题，现实不容乐观，主要表现在：竞技体育后备人才培养的动力源开发，在宏观的国家政府层面，过多地考虑对竞技体育后备人才培养的政治需要。在中观的集体和个人层面，由于强调必须服从国家需要，在国家计划保障下，基本满足生产性需要和生存需要后，其他层次的需要没有顾及，忽视了集体与个体的物质利益需要，中观的动力没有被充分激活。在这种观念惯性下，形成了一个以行政、集权的手段来培养竞技体育后备人才的培养模式和管理体制。多种动力因素形成多种

---

[1] 曹卫华. 我国女足后备人才培养研究 [D]. 北京：北京体育大学，2008.

[2] 唐建倦. 中国竞技体育后备人才培养动力机制研究 [J]. 体育与科学，2009，30（6）：50-52.

[3] 葛幸幸，杜和平，张朝辉. 重点中学课余训练体系存在的问题及完善对策：以湖南省重点中学为实证研究 [J]. 成都体育学院学报，2008，34（3）：88-90.

[4] 唐智明. 我国成人教育的动力机制分析 [J]. 北京体育大学学报，2007，30（1）：87-89.

合理需要未能开发和利用，动力主体 3 个层次的需要难求一致，需要未能及时引导、培养等。

（四）我国青少年体育参与动力机制的困境因素

有学者谈到体育价值观的偏颇，把体育当成了政治需要的工具，没有站在为人的全面发展服务的高度去认识；也有学者谈到体制原因，现在市场经济体制的建立，较之从前的计划经济体制，在青少年体育运行动力机制方面已经有了较大的改观，证明体制是导致中国青少年体育运行动力机制困境的重要因素；也有学者谈到学校的评价体制问题，由于学校把竞赛成绩作为衡量训练成效的重要标准，就会导致教练员、运动员的需要偏离。

（五）我国青少年体育参与动力机制的构建

曹卫华针对女足后备人才培养运行机制，概括起来就是要达到物质动力与精神动力的统一、内部动力与外部动力的统一、个体动力与集体动力的统一、短期动力与长期动力的统一。适度的动力机制包括向度、量度和协和度 3 个内容标度。向度上，要与社会运行的总目标和体育发展的总目标一致。量度上，要在社会经济、政治、文化、体育客观现实基础上去实现和满足各层次的利益需求。从发展的实质来看，建立适度的动力机制可将各培养主体需要的满足和良好的社会、体育运行秩序结合起来。既能激活各培养主体追求合理利益的动力，又能将各种动力和活动控制在规则和秩序范围内[1]。肖林鹏等认为青少年体质健康服务体系动力机制应注意以下几个方面：一是青少年体质健康需求可视为因青少年体质健康需要而产生的要求，对青少年的体质健康服务只有以满足他们的有效需求为前提，才能调动他们的体质健康参与兴趣，从而进一步将这种动机转化为行动。二是青少年体质健康需求的内容。青少年的体质健康需求可以塑造，可以通过体质健康教育合理引导、刺激青少年的体质健康需求[2]。

齐立斌认为动力机制创新发展是社会发展的直接动力源。农村公共体育服

---

[1] 曹卫华. 我国女足后备人才培养研究 [D]. 北京：北京体育大学，2008.
[2] 肖林鹏，孙荣会，唐立成，等. 我国青少年体质健康服务体系构建的理论分析 [J]. 天津体育学院学报，2009，24（4）：282-284.

务体系的动力机制中,应建立以农民体育需求为中心的内在动力机制和体育行政部门、体育社会团体为动力主体的外在创新动力机制[①]。唐建倦认为在竞技体育后备人才培养活动中也存在一个为培养目标提供活力、激发与激励组织及成员积极性的动力机制。从事人才培养活动的不同主体的需要都可以转化为动力,这个需要必须是合理的,即首先是与当时社会生产力发展水平相适应的需要;其次是社会需要与个人需要互为手段、互为目的的有机统一;最后是通过后备人才培养活动来满足的需要[②]。

(六)我国青少年体育参与动力机制的实践

曹卫华提出构建女足后备人才培养动力机制,一是协调国家、集体、个体主体功能的发挥,应使三者在功能的发挥上呈现耦合状态;二是构建多元化管理主体;三是开发动力源,满足合理需要。一方面要开发宏观、中观和微观的各级培养主体的动力,激发个体、集体和国家的利益需求;另一方面要引导、培养各个层面高层次的需要。在不妨碍社会正常秩序的基础上,在社会规则框架内开发和满足个体需要、尊重和全面开发个体多层次需要、促进运动员培养个体的全面自由发展,形成自觉动力和参训的积极性[③]。

从以上研究成果可以看出,"运行机制"概念已经被广泛应用于体育科学领域,并取得了一些尝试性的成果。对体育运行机制进行了分类,尤其是对于动力主体的分类及其需要的研究,很有建设性意义。例如,动力源作为运行动力机制内核结构中的核心,是运行动力机制能否顺畅高效的关键所在,学者们抓住了当前中国青少年体育运行动力机制困境中的核心要素进行探讨,具有重要意义。学者们还对体育运行动力机制的构建提出了诸多观点:一是新的动力机制要达到物质动力与精神动力的统一、内部动力与外部动力的统一、个体动力与集体动力的统一、短期动力与长期动力的统一。适度的动力机制包括向

---

① 齐立斌.农村公共体育服务体系的运行机制研究[J].南京体育学院学报,2010,24(4):44-46.
② 唐建倦.中国竞技体育后备人才培养动力机制研究[J].体育与科学,2009,30(6):50-52.
③ 曹卫华.我国女足后备人才培养研究[D].北京:北京体育大学,2008.

度、量度和协和度3个内容标度。二是重视青少年主体的需求,应包括引导机制、激励机制、联动机制。三是正确处理内部动力与外部动力之间的辩证关系,使内外动力相结合,并提出动力分配、动力运作、动力激励、动力转化、动力源开发、动力反馈机制建设方面的措施。四是应建立以体育需求为中心的内在动力机制和体育行政部门、体育社会团体为动力主体的外在动力创新动力机制,注重动力源开发、动力转化、动力培育、动力分配、动力反馈。以上研究取得了一定的进展,对于新动力机制的建构打下了初步基础,提出了构建思路,适度动力的内容标度,以及内外动力和运作过程的环节,基本搭建了体育运行动力机制的框架。

但经过深入分析发现,现有成果存在以下薄弱环节。

第一,借助运行机制相关理论分析体育问题时,存在一定的移植色彩,而没有真正把运行动力机制理论和要研究的体育问题融会贯通,没有将母学科理论和体育现实问题二者很好地结合起来。

第二,学者们虽然探讨了动力源,但运行动力机制又不仅仅是动力源,还包括外围结构中的动力受体、传导媒介、还涉及运作过程和手段,如动力转化、培育、分配、监控反馈等重要环节,学者们并没有给予足够的关注。表现为:一是适度动力的评判标准缺失,如果没有可操作性的适度动力标准,就无法衡量构建的新的运行动力机制是否有效,无法用结果来检验目标,可能会出现新老对比无从下手的尴尬境地;二是内外动力相互结合的问题,整合的最重要的黏合剂就是利益,被多数学者所忽视,如何协调内外动力需要者的利益成了关键问题;三是运作过程的各个环节,如何开发动力源、如何进行科学高效的动力运作过程也是亟待解决的难题。

第三,从目前所掌握的文献资料来看,还没有专门研究青少年体育参与动力机制的成果,但有学者从竞技体育后备人才培养、中学课余训练的角度对动力机制进行了卓有成效的探讨,以上领域也都是青少年体育中的重要组成部分,有一定的借鉴意义和参考价值。本研究正是基于以上研究不足和薄弱环节,试图在这些方面有所作为,力争借用新的理论为我国青少年体育的发展提供可参考的对策。

第二节　国外相关研究现状

拉莫斯在《从相同到复调组织：转型中的欧洲体育俱乐部》中以俱乐部发展为出发点，构建一个理论框架，在他们已发展成为专业化程度较高的情况下，能够更好地了解欧洲足球俱乐部的目标，通过构建系统的理论方法，使俱乐部逐渐从相同转向复调组织[①]。拉莫斯等在《体育丑闻的剖析：起源、发展和影响》中通过一个互相联系的理论框架，结合话语理论与理解的理想类型，构建一个研究体育丑闻起源、发展和影响的理论模型，研究工作包括五步：一是初步的介入；二是公开观察破坏稳定的社会秩序；三是后来道德交往中的结果；四是采取适当行动的环境压力；五是一个机构的解决方案。模型建立在对两种情况分析基础之上，最后为未来研究提出了3个工作假设[②]。

怀特等在《运动的魅力：促进体育参与作为维护残疾人士健康的机制》中探讨了体育对于残疾人健康的重要价值，作为维护残疾人健康的机制，依据功能、残疾和健康的国际分类框架，分析和探讨12名体育参与活动的残疾男女[③]。萨黑姆在《体育宣泄中的社会支持机制和投入要素》中指出，学生运动员中，围绕宣泄设计输入因素和社会支持机制之间的关系。主要结果显示来自家庭、社会、朋友和教练的支持，都能够控制运动中的青少年的行为。此外，社会支持与输入因素之间的持续关系可能影响青少年的心理发展与社会适应能力[④]。温登在《世界公民：在足球超级联盟院校迁徙的青年足球运动员中探索文化移入的经验》研究探索文化适应经验丰富的高级专业运动员和移民超级学

---

① RASMUS K S. From homophonic to polyphonic organization: European team sports clubs in transformation[J]. Sport science review, 2010 (5): 93-111.

② RASMUS K S, UlRIK W. The anatomy of the sports scandal: outset, development and effect[J]. Play the game, 2011 (6): 1-28.

③ WILHITE B, JOHN S. In praise of sport: promoting sport participation as a mechanism of health among persons with a disability[J]. Disability and health journal, 2009 (3): 116-127.

④ ABD R M, SHARIFF, RAMLEE M. Social support mechanism and input factors on catharsis predictors in sport[J]. Social and behavioral sciences, 2010 (7): 588-591.

第二章 文献综述

院联盟的青少年足球运动员的文化移入经验，公众和媒体的话语倾向于立足个别运动员转型期，从一系列的文化和民族背景出发，针对一系列移民青年球员访谈，探讨了文化适应与移民、青少年和优秀的运动员的关系[①]。菲利普斯等在《集中式的基层体育政策和新政府：一个英国农村体育合作的实例研究》中提供了农村体育伙伴关系基层体育政策在英国的实证作用，见证了通过网络和伙伴关系的政府施政[②]。安特森在《业余体育社会学概述》中探讨了业余体育，评估体育的理想世界是否有可能实现。介绍了业余的定义特征，从4个方面谈论以业余体育理想占主导地位的主题：业余体育原则是一个阶级霸权的运行机制、业余体育的剥削思想、业余体育原则的不合时宜性、作为"壁垒"的业余体育的纯洁性，最后还探讨了当代语境中的业余体育社会学[③]。斯派尔在《体育和社会资本》中提到，即使在许多西方国家的志愿机构中体育自愿组织是最大的一部分，但是很少有研究民间社会体育的。在此背景下，斯派尔借助社会资本的概念，研究自愿体育组织如何经营，以及对社会和政治的可能影响。列出假设，并提出了3个相关的社会机制。根据挪威的数据分析，实证研究表明，自愿体育组织的成员包括社会资本，这是广义的信任和政治承诺。然而，体育组织的作用弱于一般的自愿组织，更强的体育组织中的成员会连同其他成员（更弱关系）和更强的政治问题的社会效果[④]。

这些成果有的以体育俱乐部转型中的目标和领域作为出发点，构建一个运行理论框架和系统的理论方法，保证俱乐部的运行逐渐从相同转向复调组织；有的探讨了体育丑闻的起源、发展和影响，认为有必要呼吁借助社会学来认识

[①] GAVIN W. 'Glocal boys': exploring experiences of acculturation amongst migrant youth footballers in Premier League academies[J]. International review for the sociology of sport, 2011（6）: 11.

[②] LESLEY P, JONATHAN G. Centralized grassroots sport policy and 'new governance': a case study of county sports partnerships in the UK – unpacking the paradox[J]. International review for the sociology of sport, 2011（3）: 265-281.

[③] DSTANLEY EITZEN. The sociology of amateur sport: an overview[J]. International review for the sociology d stanley eitzen.of sport, 1989（2）: 95-105.

[④] RNULF SEIPPEL. Sport and social capital[J]. Acta sociologica, 2006（2）: 169-183.

体育的弊端,通过一个互相联系的理论框架,结合话语理论与理解的理想类型,构建一个研究体育丑闻起源、发展和影响的理论模型;有的从体育参与促进残疾人士健康方面,依据功能、残疾和健康的国际分类框架,探讨了体育维护残疾人健康的机制;还有的就社区体育及社会资本的关系,探讨了社会资本在体育运行机制中的作用。国外学者注重选择一个范围很窄的社会现象进行研究,去深入地探索事物的发展规律;注重个案实证研究,运用田野调查和抽样调查的工作方法从不同角度探讨体育运行机制的问题、原因、解决办法。

第三章 青少年体育参与动力机制相关概念辨析

要研究青少年体育参与动力机制，首先需要从青少年、青少年体育参与、青少年体育、动力机制等基本概念入手。本研究通过对上述相关概念的阐述，总结出青少年体育参与动力机制这一核心概念的内涵，进而划定青少年体育参与动力机制的研究边界和范围，并以此为基础，进一步剖析青少年体育参与动力的困境、影响因素，使得动力机制的构建更加清晰准确。

第一节 青少年体育参与和青少年体育

一、青少年

青少年是人生的重要阶段，但由于学术界对"青少年"这一概念的不同理解，对青少年的年龄段也有不同的划分标准。其中，体育界较为特殊。

目前，对于"青少年"这一概念，第1种观点是从生理出发，儿童开始出现身体上的第二性征，便象征他们脱离儿童阶段，步入青少年期，这个年龄段一般是在11～21岁，而女孩子较男孩子更早步入青少年阶段；第2种观点是从成长心理学的角度着眼，10～20岁这个阶段是青少年最具代表性的表征，即从儿童时期的具体思维发展为一种形象思维，以及积极寻求界定自我形象；第3种观点从社会学的角度出发看青少年，将其视为人社会化的一个必经阶段，认为人生与青少年期告别是以"获得职业、经济自立、建立家庭"为标志的,"青年是从依赖成人的童年到能进行独立的、负责的成人活动的过渡"[1]。由于现代青少年的结婚和就业年龄的不断后移,这就使社会学中的青少年概念在年龄范围上有很大的伸缩性,甚至把35、40岁以内的人都归为青少年。这个社会成熟的上限年龄,同我国古代思想家孔子讲的"十有五而志于学,三十而立"颇为吻合。关于青少年年龄的界定,国内外不同组织也有着不同的认识,如表3-1所示。

表3-1 国内外部分组织对青少年年龄的不同解释

国外/中国	组织	年龄界定
国际组织的有关界定	联合国教科文组织	4～34岁(1982年)
	世界卫生组织	14～44岁(1992年)
	联合国人口基金	14～24岁(1998年)
我国的有关界定	国家统计局	15～34岁(人口普查)
	共青团	14～28岁(《团章》)
	港澳台地区	10～24岁(香港青年事务委员会、澳门人口暨普查司、台湾青年辅导委员会)

从上述的分析中可以看出,对青少年的年龄界定需要综合考虑各方面的因素,如青少年生理发育成熟的年龄、青少年思维发展的主要年龄范围、受政府委托管理青少年(青年)事务的共青团的主要工作对象、人口统计方面的规定、社会习惯认可的人社会化成熟的年龄等[2]。

2010年举办的青少年奥运会规定参赛选手的年龄为14～18岁。关于青少年年龄段的各项界定中,4岁是下限,44岁是上限。根据当前青少年体育工作的实际需要,尤其是从部分专项运动员身心发展的年龄特点及我国现实存在的

---

[1] 窦鹏辉.中国农村青年人力资源发展报告[M].北京:社会科学文献出版社,2006:24-27.

[2] 黄琼.青少年事务管理中的共青团组织角色研究[D].上海:上海交通大学,2008.

少儿体校的业余训练模式,在我国青少年体育研究中需要将其年龄分布下延到小学阶段,个别专项甚至要更早。青少年包括小学和中学阶段的在校学生及辍学青少年,年龄阶段为 6 ~ 17 岁,限于研究条件,本研究所探讨的青少年特指处在初中阶段的在校学生。

二、青少年体育参与

依据我国体育理论学者对体育的定义:"体育是以身体运动为基本手段促进身心发展的文化活动。应该说,这是一种广义理解的体育,体育不应该局限在学校,而是家庭体育、学校体育与社区体育的统一体;从体育手段的角度来看,也就是在达到体育目的的前提下,各种身体运动、休闲、娱乐活动、舞蹈等都可以是体育的范畴。"[①] 由此推出,青少年体育参与是青少年参与到以身体运动为基本手段,促进身心全面发展的文化活动的行为。每个人的行为,从一般意义上讲,是指在一定的思想认识、情感、意志、信念支配下,个体所采取的行动。青少年体育行为就是在一定的对体育的思想认识及情感、意志、信念支配下,青少年所采取的体育行动。

根据唯物辩证法的原理,任何事物的运动变化都有其内部原因和外部原因,青少年的体育行为也不例外。影响青少年体育行为的主观内在因素包括青少年的生理因素、心理因素,客观外在环境因素包括学校组织的内部环境因素和外部环境因素,如文化因素和经济因素。

青少年体育行为还可以细化分为青少年群体体育行为和个体体育行为。青少年群体是由个体构成的,因此,青少年群体体育行为离不开个体体育行为,但群体体育行为并不是个体体育行为的简单叠加。因为当一个体育群体把个体成员凝聚在一起时,就具有该体育群体的意识和目的,并且具有其特定的社会性,该体育群体的活动效果反映着整个体育行为主体的状况,而不再单独以个体的意识、目的为转移。青少年群体体育行为决定着个体体育行为的方向,个体体育行为是群体体育行为的生动体现。

---

① 杨文轩,杨霆.体育概论[M].北京:高等教育出版社,2005:19-20.

青少年群体体育行为特征表现为：一是体育行为稳定的目的性。青少年体育群体之所以能吸引一些个体成员成为群体，就因为该体育群体有稳定的一致目的，表现为群体意识的集中表达，不像个体体育行为，虽然也有一定目的性，但较容易受外在环境的影响而发生变化。二是体育行为的社会性。青少年体育群体行为具有一定的社会文化符号意义，反映特定历史传统、社会背景下对群体行为及体育的诉求。三是体育行为的方向性。青少年体育群体在社会中存在，需要与社会主流价值观相吻合，并具有一定的组织制度，保证其符合社会群体规范。

青少年个体体育行为也带有一些普遍的特征，表现为：一是体育行为的自发性。个体体育行为是由其内在的动力自发的，而非随意性，外在环境因素可以影响个体体育行为的方向与强度，却不能引发个体体育行为。二是体育行为的因果性。体育行为是由于某种原因引起而表现出来的结果。三是体育行为受个体的意识支配。体育行为者可能并不自觉地意识到自己体育行为的原因，但这并非是不受自身意识的控制。四是体育行为的持久性。由于体育行为有目的性，是个体内外动力驱使下主动发生的，体育行为指向特定目标。五是体育行为的易变性。个体在追求目标实现及外在环境的变化，都可能诱使体育行为者改变已有的而选择最有利的体育行为方式，达到个人的目标。个体体育行为的持久性和易变性是辩证统一的过程，持久性指的是体育行为本身，易变性指的是体育行为的方式，并不是体育行为的中止。

三、青少年体育

青少年体育是以身体运动为基本手段，促进青少年身心全面发展的文化活动。青少年体育是提高青少年体质健康和身心健康水平的最积极的干预方式，也是推动各年龄阶段人群体育发展并形成终身体育的基础，更是学校体育、大众体育和竞技体育协调发展，齐头并进，实现从体育大国向体育强国迈进的必需环节，直接关乎我国未来的国家人力资本质量和中华民族的可持续发展。

按所处的地点和场所来划分，青少年不仅仅在学校，还处在校外的社会和家庭中，后者对于青少年发展的影响不可小视。由于竞技运动对青少年具有其他体育形态难以企及的多种教育功能作用,也由于其与青少年的天然亲和力,有必要旗帜鲜明地构建崇尚竞技运动的中国青少年体育价值观[①]。通过公平的竞争性体育活动促进其身体、心理和社会适应能力的良好发展。组织化程度相对较高、资源较为丰富的青少年体育活动主要集中在学校,但在时间的分配和影响的随从性方面,校外的社会和家庭也发挥着不可替代的重要作用。但长期以来,一些模糊的体育理论把青少年等同于在校学生,青少年体育等同于学校体育,甚至被直接简化为体育课;而青少年业余训练被视为精英运动员后备人才培养的"普及模式",而长期脱离教育系统独立运行,青少年的成长和发展被搁置,青少年专项运动技能的掌握被放在了首位,带来了一系列不良后果,最直接的就是这种从小培养的脱离教育的运动员,一旦走下运动场就面临难以再就业的巨大困境,给国家造成了巨大的负担。针对青少年体育的重重问题,在国务院"大部制"改革的大背景下,2010年专门成立了青少年体育司,作为青少年体育的专门政府管理机构,青少年体育未来将逐渐步入正确轨道。我国体育理论专家认为,青少年体育发展是更新体育观念的最佳契机;是完善体育制度的重要步骤;是迈向体育强国的路径主干;是中华民族伟大复兴的必要环节。根据人类从事身体运动的自然规律和我国体育训练的长期实践经验,称为"青少儿体育"更准确[②]。

由于当前我国青少年体育领域中存在青少年体质健康状况持续下滑和竞技体育后备人才培养严重萎缩的两大突出问题。针对这两个问题的关键词:体质健康和业余训练,本研究进一步阐述它们和青少年体育的关系。

(一)青少年体育与青少年体质健康

体质是指在遗传性和获得性基础上表现出来的人体形态结构、生理功能和心理因素的综合的、相对稳定的特征,是人类在生长、发育过程中所形成的与自然、社会环境相适应的人体个性特征,具有个体差异性、群类趋同性、相对

[①] 任海.南京青奥会与我国青少年体育价值观的重塑[J].体育与科学,2011,32(4):1-4.

[②] 胡小明.体育发展新理念:"分享运动"的人文价值观与青少儿体育发展路径[J].体育学刊,2011,18(1):8-13.

稳定性和动态可变性等特点[①]。遗传对体质状况的影响只是提供了可能性，而最终体质的强弱与后天的环境、营养、体育锻炼、卫生习惯及保健等很多因素有着密切的关系。青少年是人成长的关键时期，这一时期的基础性体质健康状况关系到未来的身体健康，青少年体育是最积极有效的通过科学健身，从而达到增强体质的干预形式。

青少年体育对青少年体质的促进，主要表现在对身体素质的提高，也即身体的运动能力，如力量素质、速度素质、耐力素质等，而难以改变一些先天遗传的身体形态。现行《国家学生体质健康标准》的指标更多反映的是人体的静态，多属于医学范畴，有相当部分的身体形态指标属遗传所致，而缺乏反映青少年体育提高身体素质的有效指标，难以反映青少年体育开展的效果。因此，需要有关部门针对青少年体育提高身体素质的功能，重新制定和《国家学生体质健康标准》配套的身体素质标准，专门检验青少年体育的运动效果，以制度创新来有效地促进青少年体育发展。

（二）青少年体育与青少年业余训练

青少年业余训练是指广大青少年利用业余时间积极参与普及性竞技运动，并掌握一、两项运动技能作为终身体育锻炼手段的主渠道，对少部分在竞技运动方面有一定天赋或有某项运动特长的青少年，以运动队、俱乐部等形式对他们进行更为系统的训练，提高运动技术水平，全面发展体能和身心素质，为高水平竞技运动培养优秀后备人才。然而，我国训练竞赛体系采用"一条龙"的垂直体制，体现为高资源投入、重精英竞技、单向度培养的特点。自20世纪50年代末起引进并沿用苏联的体育模式。在运动员培养方面，形成了一个"三级训练网"，包括以体育传统学校和中小学运动队为代表的初级训练形式，以体育运动学校和业余运动体校为代表的中级训练形式，以国家集训队和各省专业队为代表的高级训练形式，建立了多层次互相衔接的人才培养模式，自下而上逐级提高，并形成了与训练体制相适应的竞赛体系。少体校是培养运动员的初级形式，主要任务是夯

[①] 陈明达，于道中，于葆，等．实用体质学[M]．北京：北京医科大学、中国协和医科大学联合出版社，1993：2-4．

第三章　青少年体育参与动力机制相关概念辨析

实基础，扩大选材的范围，建立运动员梯队的三线队伍；中级形式侧重于提高运动技术水平，培养和向运动队输送后备人才；高级形式是集中了各省（区、市）和全国运动员的精华，代表各省（区、市）和全国的最高水平，是我国运动梯队的一线队伍。国家是高水平运动员的唯一投资者，同时也是高水平运动员的生产者和使用者。由于运动员是由当地各级政府出资培养的，除了要求下级运动队伍向上级输送优秀运动员外，运动员的横向流动基本处于禁止状态[①]。如何既实现国家对高水平竞技体育人才的目标诉求，又能体现青少年全面发展的自身规定，是进一步推动我国体育发展方式转变、迈向体育强国的重要课题。

青少年应该崇尚参与竞技运动，竞技运动符合他们的身心年龄特点，在体育发达国家形成了学校培养优秀后备人才的模式，不存在所谓的"体教结合"，学校在全部接受教育的学生中，找出有竞技运动天赋和兴趣的青少年，通过竞技运动训练竞赛进行教育，促进青少年的全面发展已成为常态。《体育运动国际宪章》明确规定："竞技运动虽然具有可供观赏的特点，但也必须按照奥林匹克理想，始终以服务于教育性体育运动为目的。竞技运动是教育性体育运动的最高体现，它决不能受以营利为目的的企业的影响。"[②]

青少年体育是以身体运动为基本手段，促进青少年身心全面发展的文化活动。这一质的规定也明确说明了青少年体育的方向，青少年业余训练是青少年体育的重要组成部分，是学校体育的必要环节，也是高水平竞技体育后备人才培养的重要形式，更是全民健身的重要基础。青少年业余体育训练的意义不仅表现在为竞技体育提供后备人才，还通过培养大批体育骨干而推动社会体育的发展，促进全民健身事业的发展，是极好的实现青少年身心全面发展的形式，是令其他年龄阶段人群所羡慕的"青少年专利"，而不应仅仅局限于把少部分有竞技运动天赋的青少年封闭起来，过早进行专门化训练，畸形的发展、高比例的淘汰率等成为人们避之唯恐不及的事情。应该把基础性的青少年业余训练

---

① 何世权.论我国运动员人力资本的形成和特征[J].北京体育大学学报，2004，27（8）：1016–1017.

② 罗晓中.联合国教科文组织"体育运动国际宪章"[J].国际社会科学杂志（中文版），1984（2）：135–137.

大门开放，为每一个青少年提供参与竞技、接受竞技教育的机会，在抓好教育的基础上把运动成绩作为衡量学生运动员参加高一级竞技比赛的主要标准，青少年业余训练才能可持续发展。

四、青少年体育参与和青少年体育的关系

青少年体育参与是青少年参与到以身体运动为基本手段，促进身心全面发展的文化活动的行为。由此看出，体育参与除了关注体育之于青少年身心全面发展的意义之外，更加关注青少年体育参与的行为，即是否参与到以身体运动为基本手段，促进身心全面发展的文化活动中来，重点关注参与行为本身，次要关注行为的结果，着重凸显过程特征和个体特征。

青少年体育是以身体运动为基本手段，促进青少年身心全面发展的文化活动。虽然也关注青少年以身体运动为基本手段的行为意义，但更多地关注青少年这一处在特定年龄阶段人群的身心全面发展，即是否通过身体运动的基本手段，达到了促进青少年人群的身心全面发展，重点关注参与行为的结果，次要关注行为本身，着重凸显结果特征和整体特征。

青少年体育参与与青少年体育关系紧密。青少年体育参与是青少年体育的基础和必备，没有青少年体育参与，青少年体育就无从谈起；青少年体育引领着青少年体育参与，从结果的意义上对行为的价值进行了规定。二者互相支持，互相融合，缺一不可。

第二节　运行机制、动力机制与青少年体育参与动力机制

一、运行机制

从社会学的角度分析，郑杭生认为社会运行机制是指人类社会在有规律的运行过程中，影响这种运动的各组成因素的结构、功能及其相互联系，以及这

些因素产生影响、发挥功能的作用过程和作用原理,简要地说,也就是社会运行"带规律性的模式"①。综合考察运行机制的含义,作一个普适性概念,即一个事物运行发展中的结构、功能和作用原理。要想达到整体良性运行,还需各结构要素互相配合,发挥合力,做到既有动力,又平衡有秩序的运行。

二、动力机制

动力是指推动事物运动和发展的各种力量,动力源是动力的源泉,本身并不是动力。郑杭生认为需要是社会运行的动力源,马克思主义经典作家从人的需要入手,抓住了社会动力的根本。原动力是事物运行和发展的所有推动力量中,起主导决定作用的本源动力;驱动力是指因外在压力作用于接受主体而产生的一种动力,它是有形无形地强加给接受主体的一种力量,迫使接受主体不得不接受一定意识形态的影响,因而具有一定的强制性②;动力机制是指推动事物发生、发展的各种力量,以及这些力量作用的方式和效果,包括动力结构、动力功能和动力作用过程及原理。主要是满足人的需要,从而调动人的主观积极性,应做好内力和外力的合力最大化。动力机制主要应用经济、文化、教育、政府公共服务、体育等领域。

三、青少年体育参与动力机制

"运行机制"概念已经被广泛应用于体育科学领域,取得了一些探索性的成果。对于动力机制的建构打下了初步基础,提出了构建思路。综上所述,青少年体育参与动力机制是指推动青少年体育参与的行为发生发展的各种力量,以及作用的方式和效果,包括青少年体育参与动力机制结构、功能和作用过程及原理。青少年体育参与动力机制结构包括青少年个体(微观层次)、学校和家庭等青少年群体(中观层次)、国家政府(宏观层次)3个层次的动力主体,

---

① 郑杭生.社会学概论新修[M].3版.北京:中国人民大学出版社,2003:33.
② 刘居安.思想政治教育接受主体动力问题探析[J].马克思主义与现实(双月刊),2004(4):106-109.

青少年体育参与动力机制

以及以利益传导、文化传导和信息传导为主的动力传导媒介；功能是为青少年体育参与提供适度动力；作用过程及原理包括开发3个层次动力主体的合理需要、促使潜在形态的动力转化为现实动力及体育行为、动力监控反馈，如图3-1所示。

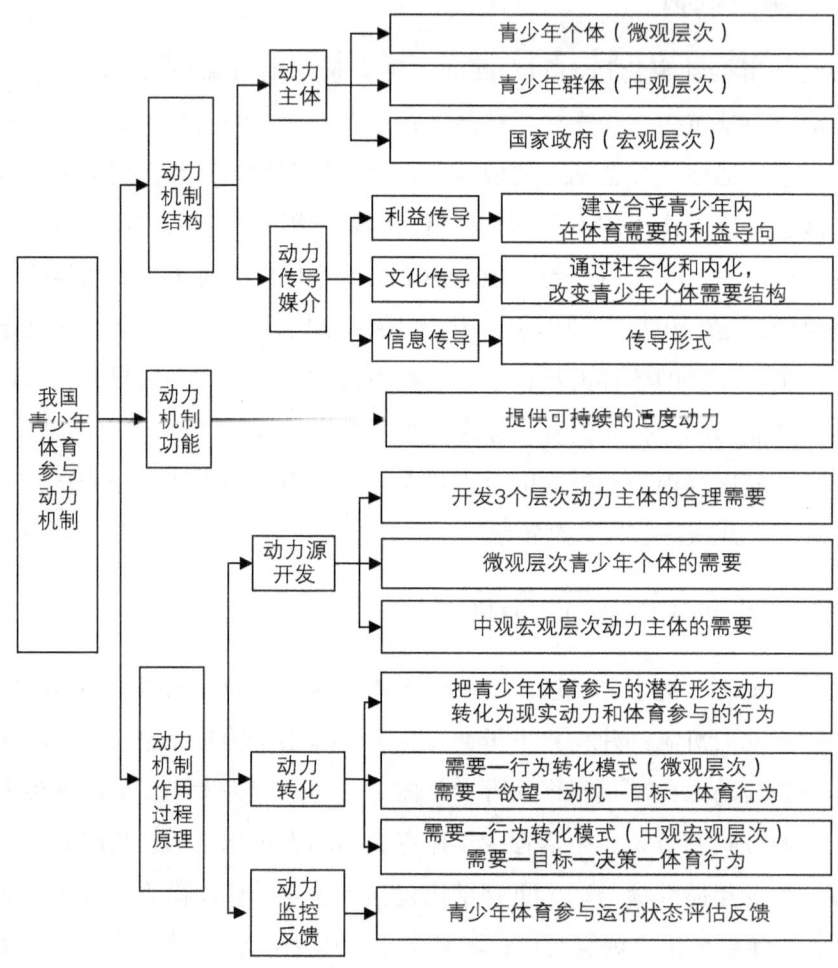

图3-1 我国青少年体育参与动力机制示意

青少年天生爱动，对于体育参与活动有着天然的潜在动力形态，但是在现实的发展中，未被有效地转化为现实动力，同时受到压抑，解决思路就是破解

第三章 青少年体育参与动力机制相关概念辨析

未有效转化和受到压抑的因素,然后构建全新的动力机制,目的是为青少年体育参与提供适度动力,并从动力更迭和演进的视角进行动力引导、动力转化、动力监控反馈等,以形成可持续性适度动力;核心是满足青少年体育参与的需要,这是青少年体育参与行为的动力源泉,从而调动青少年体育参与的主观积极性,应做好内力和外力的合力最大化。青少年体育参与的目标受多种因素影响,最重要的是青少年体育的制度,青少年体育目标对于青少年体育参与动力机制具有导向作用。青少年体育参与动力机制建立后,直接作用于青少年体育参与的系统,目的是为系统提供适度动力,青少年体育参与系统的运行结果就是青少年体育参与的状态,即良性、中性或恶性,该结果通过反馈给青少年体育的制度,来酌情调整青少年体育的目标,从而形成一个互相影响、动态反馈、平衡运行的青少年体育参与系统,如图3-2所示。

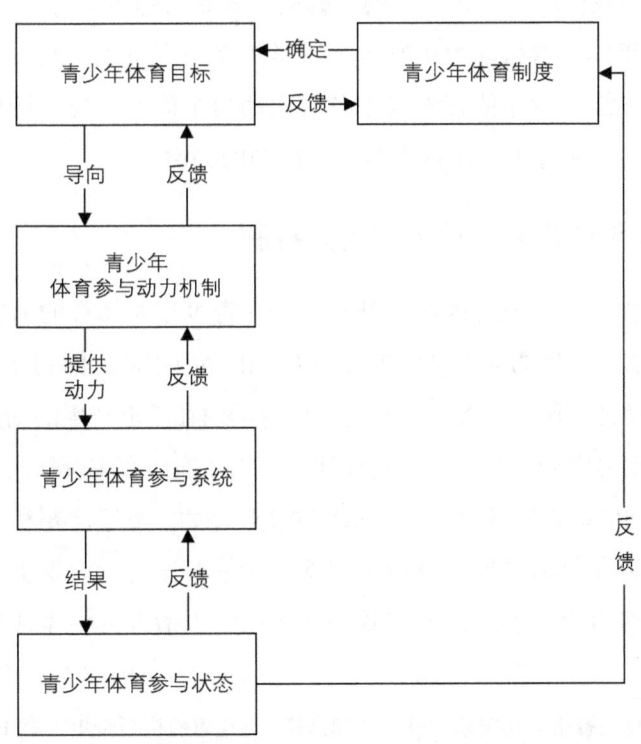

图3-2 我国青少年体育参与动力机制运行示意

第三节　青少年体育参与动力机制的理论溯源

一、青少年体育参与动力机制的理论基础

社会需要之所以能成为社会运行的动力，在于它自身的内在属性。一是需要与满足之间具有互相交融的不可分割性。任何需要，不管其程度强弱如何，也不管其满足的可能性有多大，它都有一个不可遏止的、要求满足的趋势。"需要—满足"的特性决定需要本身必然要推动人们参与社会生活中的各种活动，成为个人、组织与集团乃至整个社会的内在动力。二是社会需要有一种永不会满足的特性。并不是说一种需要满足了，社会动力就消失了。马克思曾经指出："人以其需要的无限性和广泛性区别于其他一切动物。"[1]这种需要的"无限性"和"广泛性"不仅是它成为社会运行动力之源的原因和根据，而且还保证了它作为社会动力具有不可遏止的向前发展的趋势[2]。

构建青少年体育参与动力机制也要紧紧依靠马克思主义经典作家们关于人的需要理论，围绕青少年体育参与中各层次动力主体的需要进行探讨，只有这样才能从根本上抓住青少年体育参与动力机制的关键。

二、青少年体育参与动力与动力机制

青少年体育参与动力有内在和外在之分。青少年对体育的内在需求是动力源，内在体育需求产生的动力是原生性动力，由动力主体之间的动力传导而产生的则是次生性动力。例如，青少年本身对体育的内在需求产生的动力就是原生性动力，在所有动力中处于主导和决定性地位，由政府体育主管部门、学校、家庭等动力主体之间的动力传导而产生的则是次生性动力，处于次要和辅助性地位。

青少年体育参与动力机制是指推动青少年体育参与行为发生、发展的各种力量，以及这些力量作用的方式和效果。不仅仅包括青少年体育参与的各种动

---

[1] 中共中央马克思恩格斯列宁斯大林著作编译局.马克思恩格斯全集（第49卷）[M].1版.北京：人民出版社，1982：130.

[2] 郑杭生.社会学概论新修[M].3版.北京：中国人民大学出版社，2003：38-39.

力，而且还包括这些动力所发挥的功能和作用的过程及方式。目的是让静态的动力动态化、潜在的动力现实化、随意的动力方向化、断续的动力持续化，最终实现为青少年体育参与活动的行为提供可持续性适度动力，促进青少年体育参与，进而推动青少年体育的发展。

第四节　小结

　　青少年是人生的重要阶段，但学术界因对"青少年"概念的不同理解，对青少年的年龄段有不同的划分标准。本研究所指的青少年为处在小学和中学阶段的在校学生及辍学青少年，年龄阶段为 6～17 岁，本研究所探讨的青少年特指处在初中阶段的在校学生。青少年体育参与是青少年参与到以身体运动为基本手段，促进身心全面发展的文化活动的行为，包括青少年群体体育行为和个体体育行为。青少年体育是以身体运动为基本手段，促进青少年身心全面发展的文化活动。青少年体育参与与青少年体育关系紧密。青少年体育参与是青少年体育的基础和必备，没有青少年体育参与，青少年体育就无从谈起；青少年体育引领着青少年体育参与，从结果的意义上对行为的价值进行了规定。二者互相支持，互相融合，缺一不可。

　　青少年是人成长的关键时期，这一时期的基础性体质健康状况关系到未来的身体健康，青少年体育是最积极有效的通过科学健身，从而达到增强体质的干预形式。青少年体育对青少年体质的促进，主要表现在对身体素质的提高，也即身体的运动能力，而难以改变一些先天遗传的身体形态。青少年体育质的规定也明确说明了青少年体育的方向，青少年业余训练是青少年体育的重要组成部分，是学校体育的必要环节，也是高水平竞技体育后备人才培养的重要形式，更是全民健身的重要基础。

　　运行机制是一个事物运行发展中的结构、功能和作用原理。动力机制是指推动事物发生、发展的各种力量，以及这些力量作用的方式和效果。青少年体育动参与力机制是指推动青少年体育参与行为发生发展的各种力量及作用的方式和效果，包括青少年体育参与动力机制结构、功能和作用过程及原理。青少年体育参与动力机制结构包括青少年个体（微观层次）、学校和家庭等青少年群体（中观层次）、国家政府（宏观层次）3个层次的动力主体，以及以利益传导、文化传导和信息传导为主的动力传导媒介；功能是为青少年体育参与提供适度动力；作用过程及原理包括开发3个层次动力主体的合理需要——动力源、促使潜在形态的动力转化为现实动力及体育行为和动力监控反馈。马克思主义关于人的需要理论是青少年体育参与动力机制的理论基础。青少年体育参与动力机制不仅仅包括青少年体育参与的各种动力，而且还包括这些动力所发挥的功能和作用的过程及方式。

第四章　愿景：我国青少年体育参与动力的应然状态

我国青少年体育参与动力应该是一种什么状态？它的原始逻辑起点是什么？是有动力还是没有动力？是动力很强劲？动力不足？还是动力平淡？一般而言，人参与某件事情的动力应然状态，取决于两个因素：一是该事情对于人或参与者的意义和价值，可称为外在吸引力，也即外在动力；二是人或参与者对该事情本身的内在需要情况，可称为内在推动力，也即内在动力。青少年体育参与的动力也不例外，其应然状态也取决于体育对于青少年的价值和青少年对体育本身的内在需要的内外双重动力。对其应然状态的研究，也即还原其本来面目，描绘其理想愿景，是研究的起点，同时也是研究的终点，具有极强的标杆意义和标准价值。

第一节　应然状态的形式

青少年体育参与动力的形式应该是动力源层次准确且协调一致，体育参与动力自然释放，在受到引导、培育后能保持源源不断，同时转化为经常体育参与活动的行为。

开发青少年体育参与的动力源，3个层次的动力主体即微观层次的青少年个体、中观层次的青少年群体（主要是家庭和学校）、宏观层次的国家政府，他们是不同需要的动力源。虽然3个层次动力主体的需要不尽相同，动力源迥异，但是 3 种需要结构中都有体育的成分，应该准确定位 3 个层次的动力源，且使他们的需要协调一致到体育需要上来，这样的动力源就会是 3 个层次的动力主体分别追求自己的需要满足物，同时又在体育需要的共同点上交汇。虽然青少年有爱动的天性、有体育参与的动力，但是也必须让其自然释放，对其进行引导和培育，使得这种天然动力能够不断地发展，源源不断地推动青少年体育参与，不能对其放任自流，更不能压抑扼制。由于家庭和学校的需要结构中也有体育的成分，他们又是青少年日常生活中交往较多、依赖性较强的人群，因此，应该扮演好引导者、培育者的角色，尽力为青少年创造良好的体育参与环境。

第二节　应然状态的结果

青少年体育参与动力回归本源，就会促使青少年形成体育兴趣，养成体育参与的习惯。首先可以改善我国青少年体质健康持续下滑的窘况，促进身体健康，培育青少年健全的人格、完善的心理，促进青少年的全面成长；其次可以最大限度地普及体育，使得我国体育事业的发展有雄厚的全民基础，对全体青少年实施体育教育，还可以为一些有运动天赋的青少年提供施展才华的平台，在潜移默化中解决我国竞技体育后备人才匮乏的难题，从而推动我国高水平竞技体育和大众体育的协调发展，实现体育强国的梦想；最后可以逐渐形成全社会的体育文化氛围，形成全社会都关爱青少年的风气，养成积极健康的社会生活方式，促进社会和谐稳定。

第三节　应然状态的规定

一、体育对于青少年全面发展意义重大

"人的全面发展"学说是马克思主义的经典学说之一。马克思主义的创始

第四章　愿景：我国青少年体育参与动力的应然状态

人在论述教育学的基本问题时，常常是从人的全面发展出发的。共产主义是以"每个人的全面而自由的发展为基本原则的社会形式"①。从某种意义上说，人的全面发展是马克思主义的最高人格理想，也是其建构社会理想的最基本尺度。人的全面发展问题成为当今世界普遍关注的问题，因为我们发展经济、教育、科技、军事等一切事情，归根结底都离不开人的作用，社会的发展也总是与人自身的发展紧密相关的。人的全面发展，不仅是人自身的本质要求，也是人类历史发展的必然归宿。人是社会的主体，作为社会关系的总和而存在，人的社会生活本身就决定和要求人的发展应该是全面的，但是要实现人的全面发展，还必须有一个历史发展的过程。所谓"完整的人"也即指身心健全、全面发展的人。这样的人并非天生，而是后天多方面教育的结果。人的全面发展，也是人生活的要求，从全面教育的角度看，就是德、智、体、美、劳诸育应协调发展，才是培养全面发展的人的教育②。

当前受到广泛认可的人格教育思想。经研究表明，成功者和失败者之间最大的差异不是智力上的差异，而是非智力方面的差异，其中人格因素起着重要作用。健全的人格有助于人们适应急剧变化的社会，是人们主动、积极地调节自我适应转变的根本保证。人格教育从某种意义上讲，就是对个体思想、品德、情感等综合素质的培养。人格是思想、品德、情感的统一表现，丰子恺先生曾把人格比作一只鼎，而支撑这只鼎的三足就是思想——真、品德——美、情感——善。这三者的和谐统一，就是圆满健全的人格，而对真、善、美的追求缺一不可。否则，这只人格之鼎就站立不稳，显示的人格就缺损，人格培养就是对这只鼎的不断完善、支持与呵护。可见，人格培养对于个体成长与发展具有重要的作用和影响③。

不论是培养"完整的人"，还是"完全人格"的教育理念，体育都占据不可替代的重要位置。20世纪初期，近代中国教育的先驱者和奠基者蔡元培先生

---

① 马克思，恩格斯. 马克思恩格斯全集 [M]. 北京：人民出版社，1963：3.
② 楼昔勇. 美学导论 [M]. 上海：华东师范大学出版社，1996：10.
③ 熊晓正，刘媛媛. 奥林匹克教育与青少年人格培养 [J]. 体育学刊，2008，15（1）：5-8.

就提出"完全人格，首在体育"的教育思想。体育在培养"完整的人"的教育中具有非常重要的作用，从"身"的方面来促进人的全面发展，对培养身心健全、全面发展的人有非常重要的意义。

二、青少年天生爱动的刚性规定

虽然人类是高级动物，但终究还是处于"动物"范畴，人天生动物性的理论告诉我们：就像其他低级动物一样，人类的童年也有着天生自然地进行身体活动的生理冲动和本能需要，也具备这种本领，这种规定是刚性的而非人为的。这点从对青少年的参与式观察、访谈及常识经验中也可以得到证实，不论是当下体育参与较好的还是较差的青少年，或者是他们的家长，都谈到从小喜欢玩、喜欢跑、喜欢运动，这些看似"简单""无意识"的身体活动、肢体游戏都是我们所研究的"正式体育活动"的萌芽。

马克思曾指出："为了在对自身生活有用的形式上占有自然物质，人就使他身上的自然力——臂和腿、头和手运动起来。当他通过这种运动作用于他身外的自然并改变自然时，也就同时改变自身的自然。"马克思深刻地论述了人类身体活动的重要性和必要性，这种重要性和必要性是原始天生的，指向自身的生命和生活本身，里面包含着若干哲学关系：一是大自然和人类生活的关系；二是身体自然和人类生活的关系；三是身体自然和身外自然的关系；四是身体自然和人化身体的关系。

人类想要存活下来，就必须有基本的物质产品，需要和大自然发生关系，从大自然中获取能满足自身生存、生活需要，如食物、水、衣服、避寒避暑避险的有用物质，这种获取的过程在早期体现出崇拜和祈祷大自然赐予；到后来随着工具的出现和科技的发达，尤其是进入工业时代，体现着征服大自然的特点；随着人类文明的不断进步，到今天体现出生态和谐的生活理念，即保护大自然、有序利用、可持续开发、共生共荣。不管是在人类文明产生的初期还是今天，都体现出人类生活和大自然的密切关系，可以说是大自然孕育了人类。

虽然说大自然有客观上给人类生存生活提供有用的自然物质形式的可能，但是没有人类的主观努力和大自然发生关系也是难以实现的，身体自然是人类生存的载体，只是作为基础，有了改变身外自然和自身自然的可能，使他们成为人化自然和人化身体，但还不能保证和大自然及自身发生关系，必须通过身体运动的形式，产生自然力作用于大自然时，才能对大自然的发展及自身的发展产生重要影响。

在人类通过身体自然，采用身体运动产生的自然力和身外自然发生联系时，就改变着身外自然，会让身外自然在人类的改造和影响下体现鲜明的时代、文化特色，就成为人化自然，与此同时，人类也改变着自身的自然，发展着人类的身体自然，如学会制造、使用工具，早期的钻木取火等，发展着人类自身的身体能力和智力结构，而变成人化身体。

从这个过程分析不难看出，身体运动抑或是肢体活动，不论是对于满足早期先民获取基本的生存生活物质来说，还是对于满足人类人化身体的需要，促进人类自身的发展都起着重要的作用。可以说，从最低层次的人类基本生存，到最高层次的人类文明发展，都需要我们不断地通过身体活动来和自然发生关系，只是不同的历史时期，这种关系的方式、行为有所不同罢了。青少年天性爱动，身体运动也是其身体发展、自身成长的规定需要。

第四节　小结

我国青少年体育参与动力的理想愿景，也即应然状态取决于体育对于青少年的价值和青少年对体育本身的内在需要的内外双重动力。身体运动抑或肢体活动，不论是对于满足早期先民获取基本的生存生活物质来说，还是对于满足人类人化身体的需要和人类自身的发展都起着重要的作用，可以说，从最低层次的人类生存，到最高层次的人类文明发展，都需要我们不断地进行身体活动来和自然发生关系，只是不同的历史时期，这种发生关系的方式、行为有所不同罢了。青少年天生爱动的刚性规定，加之体育对于青少年全面发展的重大意义，使得青少年不但有体育参与的动力，而且是强烈需要，青少年体育参与活动应该是其乐无穷、蓬勃发展、欣欣向荣的。

第五章　窘境：我国青少年体育参与动力的实然状态

当前我国青少年体育参与处在什么状态是一个现实的问题，现实问题的答案只能从现状中去寻找，如果现状是完美的，那就保持即可；如果现状是有问题的，那就需要探寻现状困境表象背后的原因，进而消解困境，解决问题，促进发展。前者只是一种极少有的完美理想现状，后者才是现实中大多数事物的特征，因为社会中的事物都是在平衡与不平衡的辩证中螺旋上升发展的。那么，我国青少年体育参与动力的现状也很难是完美的，更多是处在问题中发展、发展中解决问题的状态。因此，需要找出问题，探寻问题背后的原因，进而促进青少年参与体育，这是实然状态的范畴。因此，本研究在探讨完我国青少年体育参与动力的理想愿景之后，理应转向现实关照，从我国青少年体育参与动力的实然状态来探讨体育参与动力的困境，以期准确把握当前的真实性问题。

既然青少年天生就喜欢参与体育活动，体育又对人的全面发展有着重要意义，按照正常逻辑来说，人都愿意做自己喜欢同时又有价值的事情，青少年参与体育活动应该是其乐无穷、蓬勃发展、欣欣向荣才对。然而现实中我国青少年体育参与却不太乐观，导致青少年体育发展缓慢，需要我们深刻反思。

第五章 窘境：我国青少年体育参与动力的实然状态

第一节 实然状态的形式

一、动力源错位

在青少年体育参与的动力源开发中，并非仅仅是青少年个人，还包括青少年群体和国家政府，他们都有各自的需要，这种需要结构中可能有体育，但不一定是最近优势需要，也可能根本没有体育，三者层次的动力主体都会努力追求自己的需要满足物。我们在推动青少年体育的发展时，固态化地认为当前由于物质生活水平的提高，青少年不够吃苦耐劳，过度沉溺电脑网络游戏，家长和学校不够支持孩子们参与体育活动，而没有思考为什么青少年沉迷网吧而不是迷恋运动场？为什么家长和学校想尽一切办法让孩子们学习而不是支持参与体育活动？这其中的原因之一就是3个层次动力主体动力源错位，未能同时满足他们的合理需要。

二、动力被压抑

青少年天生爱动，具有参与体育活动的天性，这种天性不仅可以从人的动物性理论中得到解释，而且在本研究的访谈调研中也得到了实践验证。既然青少年体育参与的动力是刚性规定的。那么，为何有相当多的青少年不愿意参与体育活动呢？原因之一就是体育参与的天然动力被压抑扼制。青少年的成长环境多在家庭和学校中，日常生活中接触较多的人群就是家长、教师和伙伴，而且青少年的生理心理特点决定了行为的依赖性、兴趣性和好奇性，那么在体育参与中，就需要有家长、老师的引导和伙伴的共同参与。调查表明，较多青少年想参与体育活动，但是要么没有得到家长、老师的引导，要么处在中立态度，甚至是阻碍孩子参与体育活动，动力就逐渐被扼制在襁褓中。

三、动力转化不足

青少年天生有参与体育活动的需要，从动力机制理论来说还处在潜在行为的状态，要想转化为切实的体育行动，还需要经过动力转化环节。青少年有了体育参与的需要，也能意识到参与体育活动有趣味，能带来自由、愉悦的满足感，有着强烈的体育欲望，但是由于3个层次动力主体的合理需要并不一致，存在着错位，动力在发展的过程中也受到扼制，加之我国学校体育场地器材、体育师资配备存在不足，社区体育还不发达，农村体育更是举步维艰的现实状况下，青少年缺少通过参与体育活动获得自身需要满足物的工具和资源，在动力转化过程中难以产生强烈的体育动机和清晰的体育目标，体育参与不足就不足为奇了。中观和宏观层次的动力转化在决策环节出现问题，家庭和学校本身根据未来发展的需要，必须响应国家的人才选拔制度，按照国家的需要来调整自己的需要结构，宏观层次虽然强调人才是强国之本，把国民尤其是青少年健康素质提至民族复兴的高度，但是目标的实现需要制度保障，当前的人才选拔制度主要是考核青少年的文化课学习效果，因此，青少年体育参与的动力转化难以通畅。

第二节 实然状态的后果

由于我国青少年体育参与的动力源错位、动力被压抑、动力转化不足，直接导致了青少年体育参与缺乏适度动力，反映在我国青少年体育的实际工作中，表现为：青少年体质健康状况持续下降、体育后备人才培养规模萎缩、学校体育工作形势严峻、体育场地器材等设施不足、家庭体育氛围淡薄、全社会未形成关注青少年体育和青少年健康成长的氛围等。其中，青少年体质健康状况持续下降和竞技体育后备人才培养严重萎缩是最为突出的，也是亟待解决的问题。

一、青少年体质健康状况持续下滑

梁启超在《少年中国说》中提到"少年强则国强"，至今仍振聋发聩。可如今的中国青少年强吗？没有最起码的强健体质和身体健康，谈何少年强？何谈中国强？党和政府高度重视青少年体育和青少年的健康成长。

根据国民体质监测结果，我国青少年学生身体素质状况不容乐观。

第五章　窘境：我国青少年体育参与动力的实然状态

学者们也对我国青少年体质存在的问题进行了研究：一是体能部分指标继续呈下降趋势[①]；二是心肺功能继续下降；三是超重及肥胖学生明显增多；四是心理问题不容忽视，目前我国有接近20%的学生对困难、压力难以承受，肥胖、懒惰、烦躁、自闭、焦虑、抑郁，部分学生甚至出现了厌世和暴力倾向[①]。

新闻媒体也对我国青少年体质健康状况进行了报道。《人民日报》2011年11月25日的撰文认为："我国青少年身体形态方面比日本韩国存在差距；身体素质方面，我国青少年明显落后于日本青少年，和韩国不相上下，但有些项目，不如韩国青少年。"《中国青年报》于2010年3月30日刊发的报道《国民体质监测显示我国青少年体能连续10年整体下降》，引起了公众广泛关注和讨论。奥运金牌数与青少年的身体素质两者未必有直接的逻辑关系，但体育主管部门重竞技轻群体则是不争的事实。当然群体尤其是青少年体育，重心还在教育部门。看另一组数字：参加课外体育活动的初中生，中国有8%，日本有65.4%。中国数字的内核，是千军万马过独木桥的升学模式。奥运焦虑症、高考焦虑症使我们忘记了体育的本质和体育的终极价值。体育总局"淡化金牌意识，培养全民健康生活方式"的举措是一个积极的风向标[②]。

上述国家政府部门对我国青少年体质健康状况的监测调研结果、学者们的研究及新闻媒体的相关报道表明，我国青少年体质健康状况下滑问题十分严重，已经引起全社会的高度关注。青少年体质健康状况下滑有很多原因，也有很多的干预方式，如营养、卫生、运动，但无论是从哪种角度，采用哪种方式，让青少年积极参与到体育运动中来，促进青少年体育的开展是最积极健康、有效的干预方式。

二、青少年体育后备人才培养严重萎缩

长期以来，国家体育总局和教育部非常重视体育后备人才培养，尤其关注

[①] 赵小雅. 体育新课程激发学生运动兴趣[N]. 中国教育报，2007-05-30.
[②] 张路平. 调查显示中国青少年素质堪忧　平均身高矮于日韩[N]. 新京报，2011-11-28.

少体校的发展。少体校在培养体育专门人才方面承担着非常重要的任务,是竞技体育后备人才的孵化地,在奥运战略发展中发挥着举足轻重的作用,我国已有的世界冠军中有95%来自少体校,同时少体校为社会培养了大批体育骨干,推动了群众体育的发展。但是,当前体校发展举步维艰和运动员发展后续动力不足,已经成为制约我国体育后备人才可持续发展的两大"顽疾"。据国家体育总局的一项调查统计显示,我国各级各类体校数量仅剩1933所,参加业余训练的人数更是较20世纪80年代中期至少减少了20%[①]。

国家体育总局青少年体育司负责人指出:"从长远观点看,中国体育后备人才培养形势不容乐观,在某些项目上,出现了后备人才青黄不接的情况。"其原因主要在于区县进行机构改革,体育相关部门和其他部门进行合并,导致体育训练的经费有所减少[②]。业余训练是我国青少年体育活动的重要组成部分,它担负着为国家培养优秀体育后备人才及群众体育骨干的重要任务。体育传统项目学校、青少年业余体育学校、体育运动学校、青少年体育俱乐部是青少年业余训练主要的组织形式。目前制约业余训练的核心问题是各级各类体校发展存在较大难题:体校数量减少、招生难、学生出口不畅、学训矛盾突出、训练水平有待提高、经费投入不足[③]。

青少年体育后备人才培养意义重大,不仅对于我国竞技体育后备人才的储备和可持续发展起着基础性作用,而且对于培养群众体育骨干、青少年接受竞技教育都有着重要作用。当前体校发展的困难和运动员发展后续动力不足进而导致的体校数量和运动员数量萎缩已经成为制约我国体育后备人才可持续发展的瓶颈。

---

① 卢苇.破解体校运动员"双困局"[N].中国体育报,2011-12-26.
② 国家体育总局青少年体育司.我国体育后备人才培养形势不容乐观[EB/OL].(2011-07-10)[2011-11-15]. http://sport.sina.com.cn/o/2011-07-10/03595651345.shtml.
③ 郭建军.构建充满活力的后备人才体系[N].中国体育报,2011-06-14.

第三节 实然状态的反思

一、实然状态的原因

党和政府一贯关心青少年的身体健康,但是在实际工作中贯彻落实的不够。原因大致可归纳为以下几个方面:一是在中国教育中体育被严重弱化,"智育第一",德育和体育被弱化,在学校、社会、家长心目中,片面追求升学率已经成为一种普遍现象;二是师资严重缺乏,直接影响学校体育卫生工作的质量;三是体育经费投入不足,导致学校体育场地器材无法满足学生体育锻炼和体育课的需求;四是体育教学指导思想的理论误导,过度追求"快乐兴趣"和"主体意识",抽掉有些"吃苦"味道的"动"和"练"的精髓;五是有关学校体育的政策措施落实不力[①]。造成我国学生体能持续下降的原因中,现代生活方式对整个人类的影响占据不可忽视的地位,尤其是对青少年。人类的劳动活动大大减少,造成体能下降。应试教育也是重要原因,很多学校和地方政府都过分追求升学率,造成学生学业负担过重、学习时间过长,而体育锻炼时间严重不足,成为学生体能下降的"元凶"。随着新体育课程的逐步推广,体育教师短缺的矛盾逐渐加重,有数据显示,2009年中小学体育教师约43万人,缺额约29万人。2018年全国体育教师55万人,缺额仍有20万人左右。根据中国教科院最新的研究成果显示,目前,依照中等水平配置要求,全国义务教育阶段体育教师缺额约15万人,尤其是西部地区最为严重。几乎绝大部分学校存在体育器材严重短缺的情况,而很多西部地区的学校甚至没有达标的体育器材[②]。

青少年体育人才作为竞技体育的后备人才库,由于传统培养方式中的资源配置效率不高、运动训练和文化教育严重脱节、缺乏有效的激励和约束机制、

---

① 邢文华.中国青少年体质的现状及加强青少年体育的紧迫性[J].青少年体育,2012(1):5-6.
② 吴狄.调查显示我国青少年体质20年来持续下降[N].新京报,2006-08-20.

青少年体育参与动力机制

投资渠道单一等因素的制约，使竞技体育的可持续发展陷入了极大的困境。竞技体育后备人才培养中体校问题的根本原因在于办学理念和管理体制不适应当今社会的发展，其核心是体校文化教育的薄弱。只有切实加强运动员文化教育工作，才是破解体校和运动员发展"双重困局"的根本途径[①]。综上所述，造成我国青少年体育领域存在两大突出问题的原因很多，概括起来主要有以下几个方面，如图5-1所示。

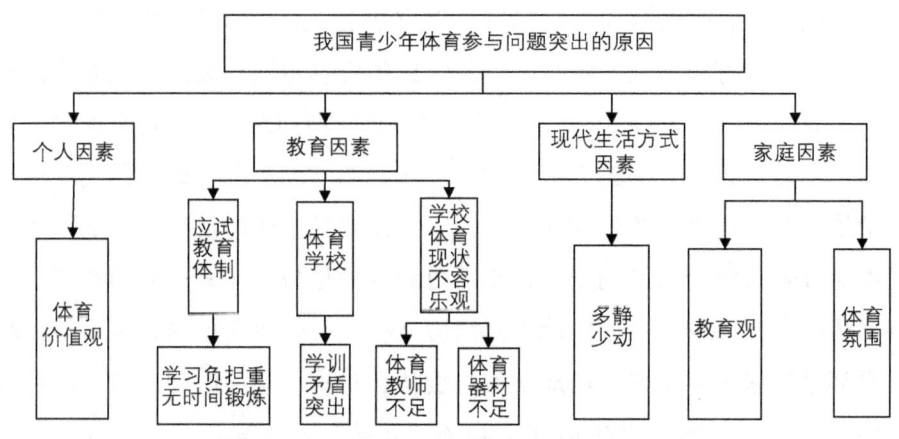

图 5-1 我国青少年体育参与问题突出的原因

虽然图5-1谈到我国青少年体育参与问题突出的原因有青少年个人因素、教育因素、现代生活方式因素和家庭因素的影响，但归根结底，还是由于青少年体育参与不足所引起的，也即青少年参与体育活动及业余训练不足。

北京奥运城市发展促进会负责人谈道："目前我国人民特别是青少年身体健康素质下降的趋势，还没有引起各级政府领导的高度重视和社会的广泛关注，这非常令人担忧。"造成这种状况的原因是多方面的，其中中国学生的体育活动不足是主要因素。据统计，日本学生的体育锻炼时间普遍多于中国学生，每天锻炼2小时的日本学生为21.3%，中国学生仅为6.3%；每天锻炼3小时的日本学生为21.3%，而中国学生仅为1.3%。日本青少年研究所2000年对

---

① 郭建军. 构建充满活力的后备人才体系 [N]. 中国体育报，2011-06-14.

中日美三国初、高中学生课外体育活动的问卷调查显示，参加课外体育活动的初中生，中国为8%、日本为65.4%、美国为62.8%；高中生中国为10.5%、日本为34.5%、美国为53.3%。美国5~12年级学生每周课外体育活动时间平均为12.6小时，每周体育课时间平均为2.35小时，学生体育活动主要靠课外。我国学生远达不到此水平[1]。随着生活水平的提高和城镇化进程的加快，家长不太愿意把独生子女送到体校进行艰苦的训练，体校招生遇到一些困难。针对这些问题，体育主管部门要让更多的孩子参与到体育运动中来，培养他们对体育运动的兴趣。与此同时，在体育运动学校的管理上，要采取体教结合但分工负责的办法。文化教育由教育部门负责，目的就是进一步加强对运动员的文化教育，提高其文化水平[2]。

综上所述，我国青少年体育参与动力的实然状态表现为动力源错位、动力被压抑、动力转化不足，反映在青少年体育实际工作中就是青少年体质健康状况持续下滑和青少年体育后备人才培养严重萎缩，造成这两大突出现实问题的原因有很多，根本原因是青少年体育参与不足。那么，为何在体育对青少年有用同时又是青少年喜欢的事情的理想情况下，我国青少年体育参与动力会表现为如此糟糕的现实状态呢？究其原因，是3个动力主体的合理需要未能实现协调一致，宏观层次国家政府需要产生的动力在向下传递的过程中，由于现实的考试制度安排和人才选拔标准，使得过多转向了引导并满足中观层次的学校和家庭的需要而忽视了微观层次的青少年个体的体育需要，导致动力源错位，从而致使青少年体育参与活动的潜在动力被压抑、转化不足。

二、建构我国青少年体育参与动力机制的必要性

本研究站在动力机制的视角，紧紧围绕如何解决动力源错位的问题，进而消解压抑青少年天生具有的体育参与潜在动力的因素，促使这种潜在动力的转

---

[1] 马北北.国民体质监测显示我国青少年体能连续10年整体下降[N].中国青年报，2010-03-30.
[2] 国家体育总局青少年体育司.我国体育后备人才培养形势不容乐观[EB/OL].(2011-07-10)[2011-11-15]. http://sport.sina.com.cn/0/2011-07-10/03595651345.shtml.

化为青少年体育参与提供适度动力,进而解决参与不足的问题。针对当前我国青少年体育参与动力的现实困境,建构科学合理的青少年体育参与动力机制是非常必要和紧迫的。

第四节 小结

我国青少年体育参与活动动力的理想愿景是美好的,属于天然性质,表现形式应该是其乐无穷、蓬勃发展、欣欣向荣的。但是现实中我国青少年体育参与却不太乐观,主要表现为以下3种情况:一是动力源错位,对于3个层次动力主体动力源的开发,未能同时满足他们的合理需要;二是动力被压抑,青少年体育参与的天然动力被压抑扼制在襁褓中;三是动力转化不足,青少年体育参与的动力转化过程中,难以产生强烈的体育动机和清晰的体育目标,家庭和学校按照上层人才选拔的标准来调整自己的需要结构,政府虽然站在民族复兴的高度,强调人才是强国之本和国家人力资本的重要性,但是在实现目标的制度设计上,主要考核青少年文化课学习的效果,因此,青少年体育参与的动力转化难以通畅。反映在我国青少年体育发展的实际工作中表现为:青少年体质健康状况持续下降,体育后备人才培养规模萎缩,学校体育工作形势严峻,体育场地器材等设施不足,家庭体育氛围淡薄,全社会未形成关注青少年体育、关注青少年健康成长的氛围等。但是青少年体质健康状况持续下降、竞技体育后备人才培养严重萎缩是最突出的,也是亟待解决的问题。

反思现实,造成这两大突出问题的原因有很多,根本原因是青少年体育参与不足。那么,为何在体育对青少年全面发展意义重大,青少年又有天生的潜在参与体育活动动力理想的情况下,我国青少年体育参与动力会表现为如此糟糕的现实状态呢?究其原因,是在开发3个动力主体的合理需要时,未能实现协调一致,宏观层次国家政府需要产生的动力在向下传递的过程中,由于现实的考试制度安排和人才的选拔标准,使得过多转向了引导和满足中观层次的学校和家庭的需要而忽视了微观层次的青少年个体的体育需要,导致动力源发生

第五章 窘境：我国青少年体育参与动力的实然状态

错位，从而致使青少年体育参与活动的潜在动力被压抑、转化不足。

因此，站在动力机制的视角，建构我国青少年体育参与动力机制，为青少年体育参与提供适度动力，进而解决青少年体育参与不足的问题，具有重要的理论价值和现实意义。

第六章 窘因：我国青少年体育参与动力的影响因素

第一节 主要影响因素筛选

影响我国青少年体育参与动力的因素众多，如何从纷繁复杂的诸多因素中准确地找出主要影响因素是关键所在。本研究采用问卷调查法，辅以访谈法，通过对调查数据的统计分析，力争找出影响青少年体育参与动力的主要因素。

一、第一轮施测

（一）变量选择

根据研究假设，本研究设计影响青少年体育参与动力的4个因素维度及58个条目，即解释变量。主要包括：

①个人因素（包括17个解释变量：1.喜欢参与体育活动；2.除学校规定的体育课和体育活动外，每周都会再参加体育活动；3.参与体育活动过程中，遇到困难，我能坚持到底；4.我比伙伴们更擅长玩一些体育项目；5.对于如何进行体育活动，我懂得比伙伴们多；6.体育活动可以强身健体；7.体育活动可以促进人全面发展；9.参与体育活动容易晒黑，不好看；10.参与体育活动容易使身体变得粗壮，不好看；11.参与体育活动容易受伤；12.参与体育活动太辛苦；13.在参与体育活动中，容易和伙伴们发生冲突；14.参与体育活动太脏；15.参与体育活动太累；17.受体育好的同学的榜样影响；18.别人赞赏我参与体育活动；20.伙伴们带动我参与体育活动）。

第六章 窘因：我国青少年体育参与动力的影响因素

②学校因素（包括 18 个解释变量：23. 升学考试压力大；24. 学习成绩好才是好学生；25. 上学的目的就是为了将来考上好大学；26. 我想通过努力学习，考上重点高中；27. 课余时间还要参加其他学习；28. 课余时间大多要用来做作业；29. 课余有时间看电视或玩电脑；30. 课余有时间参加体育活动；31. 体育课能按照课程表安排开展；32. 体育课上能学到很多运动项目的技术技能；33. 上体育课，经常出一身汗；34. 喜欢体育老师；35. 除体育课外，还有一些课外体育活动；36. 参加课外体育活动，经常满头大汗；37. 在学校，有老师带领参与课外体育活动；38. 老师担心在体育活动中受伤；39. 体育课上，有开设运动项目相应的体育设施；40. 课外体育活动，有开设运动项目相应的体育设施）。

③家庭因素（包括 10 个解释变量：19. 家长鼓励我参与体育活动；21. 像你爸爸妈妈年龄的人，也应该参加体育活动；22. 像你爷爷奶奶年龄的人，也应该参加体育活动；42. 父亲支持我参与体育活动；43. 母亲支持我参与体育活动；44. 父亲认为应首先学好文化课，以后升入重点学校；45. 母亲认为应首先学好文化课，以后升入重点学校；46. 父亲喜欢参与体育活动；47. 母亲喜欢参与体育活动；48. 家庭经济条件不好，制约我参与体育活动）。

④社会因素（包括 13 个解释变量：8. 体育活动是日常生活中不可缺少的组成部分；16. 体育明星促使我参与体育活动；41. 放学后回到家附近，还能参与体育活动；49. 擅长一些体育运动项目，会受到周围人的尊敬；50. 擅长科学文化知识，会受到周围人的尊敬；51. 熟悉的人都关注体育活动；52. 你熟悉的人大多天天坐着，没有体育活动的习惯；53. 放学后，看电视或玩电脑；54. 放学后，在家附近，有人带领参与体育活动；55. 在家附近，有常玩的体育项目的相应体育设施；56. 电视、网络中的节目倡导大众参与体育活动；57. 喜欢电视、网络中的体育节目；58. 电视、网络中的体育节目能促使参与体育活动）。

（二）样本说明

样本抽取方法如下：①根据河南省行政区划，按照省辖市和省直管市、县及县级市、农村的三层次划分原则进行分层抽样，首先对河南省 17 个省辖市、1 个省直管市共 18 个地级城市进行编码，依据随机数表，先抽取 1 个地级市；之后对该地级市所属的县及县级市进行编码，依据随机数表，再抽取 1 个县及县级市。②在抽中的地级市中，对其市区内所有的普通初中进行编码，依据随机数表，抽取1所初中；从县及县级市所属的农村初中抽取学校的方法同上。③在抽中的学校中，抽取全部年级。④在抽中的学校的年级中，抽取位居中间的一个班级调查，若遇偶数，就抽取前半部分的最后1个，共6个班级，按奇数发放。抽取了新乡市及所属原阳县某初中（出于综合考虑，隐去具体学校名称）。

从问卷描述性内容看，构建了包括4个因素维度和58个解释变量在内的影响青少年体育参与动力的指标体系。问卷采用Likert量表（Likert Scale）进行测量，并在问卷设计中采取五级Likert量表，选择"完全同意""比较同意""一般""不同意""很不同意"5种，分别计1、2、3、4、5分。Likert量表是现代调查问卷中普遍采用的态度度量方式，由美国社会心理学家伦西斯·利克特于1932年在原有总加量表基础上改进而成。对于应采用几点量表法，学者Berdie（1994）根据研究经验，综合提出以下看法：大多数情况下，五点量表是最可靠的。选项超过五点，一般人难以有足够的辨别力，三点量表限制了温和意见与强烈意见的表达，五点量表则正好可以表示温和意见与强烈意见之间的区别[①]。

（三）问卷处理

1. 问卷的整理

根据上述原则和方法对初中生开展问卷调查，收集资料后进行废卷处理工作，将明显错误、空白卷、任何一页填答同一性质答案或其中一页未填答、明显以"Z"字形及斜线式填答者，作为废卷的认定标准，并将其剔除，以增加问卷数据的有效性。问卷发放227份，回收227份，回收率为100%，剔除无效问卷11份，有效回收率为95%。

2. 被试筛选及编码

社会赞许量表：社会赞许反应倾向（SDRT）是影响调查与测量数据效度的一个主要来源，是让研究者较为头疼的反应偏差。采取纸笔测验的方法这种

---

① 吴明隆. SPSS统计应用实务：问卷分析与应用统计[M]. 北京：科学出版社，2003：69.

第六章 窘因：我国青少年体育参与动力的影响因素

偏差不可避免，尤其是当前随着社会的倡导，锻炼已经被看作积极正向的好习惯，更是不可避免研究参与者"装作打算锻炼"。考虑到所用的问卷表面效度较高，所以需要控制社会赞许性（SDRT），借鉴毛志雄的做法使用马洛—克罗恩社会赞许性量表（简称"M–CS–D13"）作为无关变量的控制。为了保证数据质量，删除了在马洛—克罗恩社会赞许性量表上得分高于临界值 7 分的研究参与者。共删除 39 份，剩余 177 份，并对其进行编码。

3. 条目筛选

（1）筛选原理

张文彤认为如果将当前的变量删除，问卷相应指标的改变情况可以用来对问卷中的各项进行逐一分析，以达到改进的目的，也即如果将相应的变量删除，则试卷总的信度会如何改变，尤其是该题与总分的相关系数和 Cronbach's Alpha（克朗巴哈系数法）的改变情况。如果相关系数太低，可考虑将该题删除，该题与总分的相关系数是指如果题目和总分的相关系数比较低，提示该题的应答分值高低和总分高低相关性不大，说明它们可能和问卷测量目的的关联不大。Cronbach's Alpha 的改变是指，如果删除该题后 α 系数的变动，如果删除后系数上升，则说明该题区分性不好，将该题删除可提高试卷的信度[①]。

（2）筛选原则

按照吴明隆和张文彤对问卷编制标准中的项目分析，对所有条目进行项目分析，删除不符合量表编制标准的条目，为后继研究打好基础。本研究条目分析过程中所采用的标准如下。

第一，"决断值"（Critical Ratio，CR 值）。其求法是以各题项得分的高、低 27% 作为高、低分组的指标，对各题项平均得分使用 t 检验进行高、低两组差异比较，若 $P > 0.05$，表示鉴别力不高，应将此题剔除。

第二，题总相关。剔除满足以下两个条件的条目：一是该题与问卷总分的相关系数小于 0.3；二是删除该题后，α 系数估计值会上升。

第三，题维相关。剔除满足以下两个条件的条目：一是该题与问卷总分的

---

① 张文彤. SPSS 统计分析高级教程 [M]. 北京：高等教育出版社，2004：366–367.

相关系数小于 0.3；二是删除该题后，α 系数估计值会上升。

（3）筛选过程

本研究共进行了四轮次条目筛选，此处略去初测各轮次的条目筛选过程，只给出各轮次条目筛选的结果，如表 6-1 至表 6-4 所示。

1）决断值分析

表 6-1　决断值条目筛选结果——剩余 34 个条目

问卷	CR 值不显著（$P > 0.05$）	剔除条目数量	剩余条目数量	问卷整体系数
	11、12、13、14、15、22、23、25、27、28、29、31、33、36、37、41、44、45、46、47、48、52、53、54	24	34	0.891

注：条目 3、20 的 $P=0.06 > 0.05$，属于临界显著，予以保留。

2）题总、题维相关分析

表 6-2　第一轮条目筛选结果——剩余 28 个条目

问卷维度名称	剔除题总相关系数小于 0.3、α 系数估计值会上升的条目	剔除题维相关系数小于 0.3、α 系数估计值会上升的条目	剔除条目数量	剩余条目数量	各分量表系数
个人因素	9、10	9	2	10	0.862
学校因素	24、26	24	2	7	0.696
家庭因素		21	1	3	0.929
社会因素	50	50	1	8	0.744

第六章 窘因：我国青少年体育参与动力的影响因素

表6-3 第二轮条目筛选结果——剩余26个条目

问卷维度名称	剔除题总相关系数小于0.3、α系数估计值会上升的条目	剔除题维相关系数小于0.3、α系数估计值会上升的条目	剔除条目数量	剩余条目数量	各分量表系数
个人因素				10	0.862
学校因素	39	30	2	5	0.683
家庭因素				3	0.929
社会因素				8	0.744

表6-4 第三轮条目筛选结果——剩余26个条目

问卷维度名称	剔除题总相关系数小于0.3、α系数估计值会上升的条目	剔除题维相关系数小于0.3、α系数估计值会上升的条目	剔除条目数量	剩余条目数量	各分量表系数
个人因素				10	0.862
学校因素				5	0.683
家庭因素				3	0.929
社会因素				8	0.744

经过4轮的条目筛选之后，按照筛选标准，剔除条目32个，共保留了26个条目，各分量表的内部一致性系数（Cronbach，1951）除学校因素接近0.7之外，都达到了0.7（Nunnally，1978）的水平。侯杰泰等（2004）提出研究者在进行量表编制时，不应完全依照统计学的标准，而是要在充分考虑理论构想的前提下，结合统计学标准来进行条目的取舍。本研究在充分考量表内容方面之后，认为学校因素维度中应保留并改进说法为"课余有时间参加体育活动""在学校，有老师组织参与课外体育活动""体育课上，有体育活动的相应设施"，增补"考高中时，需要考试体育"；家庭因素维度中应保留并改进

说法为"父亲有参与体育活动的习惯""母亲有参与体育活动的习惯",以便能更充分地表达其维度的含义。条目在经过筛选之后,由原来的 58 个精简到 32 个,使得问卷的内容效度及内在一致性信度达到了要求。

(四)信度检验

为提高整个度量系统的有效性和可靠性,本研究中的自变量和因变量均采用了数量不等的多个指标进行衡量。本研究采用 Cronbach's Alpha 参数法评价同一概念项的内部一致性,度量其是否符合一般的信度检验要求。信度是一致性的指标,信度系数越高,测量的结果越一致、稳定。若概念有多维,Cronbach's Alpha 参数对每一维分别计算其信度。

张文彤认为问卷系数多大才能说明信度较高并没有统一的标准,但根据大多数学者的观点,任何测验工具的信度系数如果在 0.9 以上,则信度甚佳;信度系数在 0.8 以上均可以接受;如果在 0.7 以上,则应进行较大修订,但仍不失其价值;如果低于 0.7,则应该弃之;如果内在信度系数在 0.8 以上,则可以认为调查表有较高的内在一致性[1]。Tang S M 认为,在探索性研究阶段,Cronbach's Alpha 达到 0.6 即满足要求[2]。吴明隆认为这与研究目的和测验分数的运用有关,如研究者的目的为编制预测问卷或测量某构思的先导性研究,信度系数在 0.5～0.6 已足够[3]。根据上述专家建议,本研究问卷内部一致性系数设定为 0.6 以上。

本研究问卷的内部一致性检验中,总量表的 α 值为 0.896,分量表中,α 值全部都大于 0.6,均符合本研究所设定的标准,表明分量表内在一致性较好。问卷各因素的 Cronbach's Alpha 值如表 6-5 所示。

---

[1] 张文彤,董伟. SPSS 统计分析高级教程 [M]. 北京:高等教育出版社,2011.
[2] TANG S M. An impact model of intranet adoption: an exploratory and empirical research[J]. Journal systems software,2000(3):157–173.
[3] 吴明隆. SPSS 统计应用实务:问卷分析与应用统计 [M]. 北京:科学出版社,2003:71.

表 6-5 青少年体育参与动力影响因素的 Cronbach's Alpha 值一览

项目	Cronbach's Alpha	参考标准
总问卷可靠性	0.896	
个人因素维度	0.820	
学校因素维度	0.684	$\alpha > 0.6$
家庭因素维度	0.701	
社会因素维度	0.744	

(五) 效度检验

结构效度是指测量结果体现出来的某种结构与测值之间的对应程度,因子分析是检验结构效度最常用的方法。因子分析的主要功能是从问卷设计的全部变量中提取一些公因子,各公因子分别与某一群特定变量高度关联,这些公因子即代表了问卷的基本结构,通过因子分析可以考察问卷是否能够测量出研究者设计问卷时假设的某种结构,主要指标有累计贡献率、共同度和因子载荷。累计贡献率反映公因子对问卷的累计有效程度,共同度反映由公因子解释原变量的有效程度,因子载荷反映原变量与某个公因子的相关程度,如果共同因素与理论构想的非常接近,可以说此问卷具有结构效度。因此,本研究采用因子分析对问卷的理论构想效度进行验证,检验了数据的内容效度、结构效度和维度效度。内容效度是用于检验是否有充足的有代表性的变量来测量所属概念。结构效度是通过因子分析来检验结构效度,以测量出概念的程度或理论的特质;维度效度是验证所设计的 10 个设计分支维度[1]。

通过做 KMO 和 Bartlett 球形检验,KMO 为 0.655,Bartlett 球形检验为 0.000。KMO 的值如果 > 0.5,则说明效度还行,可以进行因子分析;另外如果 Bartlett 球形检验的 $P < 0.001$,说明因子的相关系数矩阵非单位矩阵,能够提取最少的因子同时又能解释大部分的方差,即效度可以。然后提取因子后,

---

[1] 杨京钟,吕庆华,易剑东,等.体育用品产业政策效率的影响因素:来自福建泉州的证据 [J]. 体育科学,2012,32 (2): 53.

青少年体育参与动力机制

看主因子解释总变异的百分比和各因子的因子载荷,主因子解释总变异若大于 50% 和因子载荷大于 0.6,说明结构效度很好[①]。依据上述原则,通过 KMO 和 Bartlett 球形检验及表 6-6、表 6-7 来看,验证了问卷效度的有效性。

需要说明的是个人运动基础维度的"除学校规定的体育活动外,每周还会再参加体育活动"变量;"参与体育活动中,遇到困难能坚持到底"变量;体育价值观维度的"体育活动可以促进人全面发展"变量;学校正常体育活动维度的"除体育课外,还有一些课外体育活动"变量;体育教师维度的"喜欢体育老师"变量;体育设施等条件保障维度的"课外体育活动有相应的体育活动的设施"变量;体育在社会及文化中的定位维度的"体育活动是日常生活中不可缺少的组成部分"和"熟悉的人都关注体育活动"变量,虽然因子载荷小于 0.6,但是根据前人研究和访谈调研结果,上述变量较为重要,予以保留。

表 6-6 变量共同度

	Initial	Extraction
喜欢参与体育活动	1	0.769
除学校规定的体育活动外,每周还会再参加体育活动	1	0.733
参与体育活动中,遇到困难能坚持到底	1	0.647
比伙伴们更擅长玩一些体育项目	1	0.770
如何进行体育活动,懂得比伙伴们多	1	0.770
体育活动可以强身健体	1	0.773
体育活动可以促进人全面发展	1	0.621
体育活动是日常生活中不可缺少的组成部分	1	0.643
受体育明星的影响	1	0.705
受体育好的同学的榜样影响	1	0.866

---

① 杨国枢,文崇一,吴聪贤,等.社会及行为科学研究法(下册)[M].台北:东华书局,2002:66.

第六章 窘因：我国青少年体育参与动力的影响因素

续表

	Initial	Extraction
别人赞赏我参与体育活动	1	0.752
家长鼓励我参与体育活动	1	0.804
伙伴们带动我参与体育活动	1	0.844
课余有参加体育活动的时间	1	0.768
体育课上能学到很多运动项目的技术技能	1	0.822
喜欢体育老师	1	0.614
除体育课外，还有一些课外体育活动	1	0.738
在学校，有老师组织参与课外体育活动	1	0.688
担心在体育活动中受伤	1	0.748
体育课有相应的体育活动的设施	1	0.754
课外体育活动有相应的体育活动的设施	1	0.785
考高中时，需要考试体育	1	0.700
父亲支持我参与体育活动	1	0.886
母亲支持我参与体育活动	1	0.878
父亲有参与体育活动的习惯	1	0.725
母亲有参与体育活动的习惯	1	0.765
擅长一些体育运动项目，会受到周围人的尊敬	1	0.716
熟悉的人都关注体育活动	1	0.738
在家附近，有常玩的体育项目的相应设施	1	0.706
电视、网络中的节目倡导大众参与体育活动	1	0.653
喜欢电视、网络中的体育节目	1	0.791
电视、网络中的体育节目能促使参与体育活动	1	0.683

表 6-7 研究设计的因子载荷分析一览

研究设计变量指标	测量变量	因子载荷	分析结果
个人运动基础	喜欢参与体育活动	0.655	维度正确，6个可测量变量能够反映其因子
	除学校规定的体育活动外，每周还会再参加体育活动	0.522	
	参与体育活动中，遇到困难能坚持到底	0.560	
	比伙伴们更擅长玩一些体育项目	0.834	
	担心在体育活动中受伤	0.785	
	如何进行体育活动，懂得比伙伴们多	0.746	
体育价值观	体育活动可以强身健体	−0.622	维度正确，2个可测量变量能够反映其因子
	体育活动可以促进人全面发展	0.489	
他人影响	受体育好的同学的榜样影响	0.872	维度正确，3个可测量变量能够反映其因子
	别人赞赏我参与体育活动	0.676	
	伙伴们带动我参与体育活动	0.888	
学校正常体育活动	体育课上能学到很多运动项目的技术技能	0.667	维度正确，2个可测量变量能够反映其因子
	除体育课外，还有一些课外体育活动	0.431	
体育教师	喜欢体育老师	0.581	维度正确，2个可测量变量能够反映其因子
	在学校，有老师组织参与课外体育活动	0.602	
体育设施等条件保障	体育课有相应的体育活动的设施	0.796	维度正确，4个可测量变量能够反映其因子
	在家附近，有常玩的体育项目的相应设施	0.687	

续表

研究设计变量指标	测量变量	因子载荷	分析结果
体育设施等条件保障	课余有参加体育活动的时间	0.790	维度正确，4个可测量变量能够反映其因子
	课外体育活动有相应的体育活动的设施	−0.551	
家庭教育观	父亲支持我参与体育活动	0.885	维度正确，3个可测量变量能够反映其因子
	家长鼓励我参与体育活动	0.673	
	母亲支持我参与体育活动	0.899	
家庭体育氛围	父亲有参与体育活动的习惯	0.811	维度正确，2个可测量变量能够反映其因子
	母亲有参与体育活动的习惯	0.628	
体育在社会及文化中的定位	擅长一些体育运动项目，会受到周围人的尊敬	0.617	维度正确，4个可测量变量能够反映其因子
	体育活动是日常生活中不可缺少的组成部分	0.472	
	考高中时，需要考试体育	0.775	
	熟悉的人都关注体育活动	0.463	
大众传媒	电视、网络中的节目倡导大众参与体育活动	0.661	维度正确，4个可测量变量能够反映其因子
	喜欢电视、网络中的体育节目	0.773	
	受体育明星的影响	0.718	
	电视、网络中的体育节目能促使参与体育活动	0.672	

注：因子载荷标准大于0.6。

二、第二轮施测

（一）变量选择

根据研究假设，本研究设计影响青少年体育参与动力的4个因素维度及32

个条目,即解释变量。主要包括:①个人因素(包括11个解释变量:1.喜欢参与体育活动;2.除学校规定的体育活动外,每周还会再参加体育活动;3.参与体育活动中,遇到困难能坚持到底;4.比伙伴们更擅长玩一些体育项目;5.如何进行体育活动,懂得比伙伴们多;6.体育活动可以强身健体;7.体育活动可以促进人全面发展;10.受体育好的同学的榜样影响;11.别人赞赏我参与体育活动;13.伙伴们带动我参与体育活动;19.担心在体育活动中受伤)。②学校因素(包括8个解释变量:14.课余有时间参加体育活动;15.体育课上能学到很多运动项目的技术技能;16.喜欢体育老师;17.除体育课外,还有一些课外体育活动;18.学校里有老师组织参与课外体育活动;20.体育课有相应的体育活动的设施;21.课外体育活动有相应的体育活动的设施;29.家附近有常玩的体育项目的相应设施)。③家庭因素(包括5个解释变量:12.家长鼓励我参与体育活动;23.父亲支持我参与体育活动;24.母亲支持我参与体育活动;25.父亲有参与体育活动的习惯;26.母亲有参与体育活动的习惯)。④社会因素(包括8个解释变量:8.体育活动是日常生活中不可缺少的组成部分;9.受体育明星的影响;22.考高中时,需要考试体育;27.擅长一些体育运动项目,会受到周围人的尊敬;28.熟悉的人都关注体育活动;30.电视、网络中的节目倡导大众参与体育活动;31.喜欢电视、网络中的体育节目;32.电视、网络中的体育节目能促使参与体育活动)。

(二)样本说明

笔者于2012年5—7月在河南省新乡市和驻马店市,对所属的城市和农村初中进行"我国青少年体育参与动力的现状及影响因素"的问卷调查及参与式观察。调查对象选择河南初中生的原因如下:①河南省地处中原,经济发展水平居中,在全国具有较大的共性意义;②河南省是全国第一人口大省,青少年数量较多。另外,国家在率先实施东部战略和西部大开发战略之后,当前提出建设中原经济区,实现中部崛起的战略。通过发展青少年体育来实现青少年的全面发展,进而响应国家战略;③河南省青少年体育参与也存在动力源错位、受限、转化不足而导致参与不足的共性问题;④笔者在河南省高校工作,有一定的教育系统人际资源,遵循社会调查方法中选择样本时的方便原则,更有利

第六章 窘因：我国青少年体育参与动力的影响因素

于开展本研究；⑤本研究界定青少年为在校的小学、初中、高中学生，考虑到中学阶段正是人的世界观开始定型的关键时期，也是体育运动在身、心诸维度的效益发挥最为显著的时期。中学下连小学，上接大学，处在两个阶段之间，起着承前启后的作用，如果中学生群体建立起正确的体育观念，有可持续的体育参与动力，整个社会都会变得生龙活虎[①]。另外，本研究的重点是在某一人群体育参与的动力机制建构上，因此选择了初中生作为青少年人群的代表。基于上述原因，对河南省初中实施问卷调查和参与式观察具有共性的代表性。

样本抽取方法如下：①根据河南省行政区划，按照省辖市和省直管市、县及县级市、农村的三层次划分原则进行分层抽样，首先对河南省17个省辖市，1个省直管市共18个地级城市进行编码，依据随机数表，先抽取2个地级市；之后对该地级市所属的县及县级市进行编码，依据随机数表，再抽取2个县及县级市。②在抽中的地级市中，对其市区内所有的普通初中进行编码，依据随机数表，抽取1所初中；从县及县级市所属的农村初中里抽取学校的方法同上。③在抽中的学校中，抽取全部年级。④在抽中的学校的年级中，抽取位居中间的一个班级调查，若遇偶数，就抽取前半部分的最后1个，共12个班级。抽取了新乡市及所属原阳县某初中、驻马店市及所属西平县某初中（出于学校考虑，隐去具体学校名称），样本情况如表6-8至表6-11所示。

表6-8 河南省辖市和直管市名单（18个）

省辖市	省直管市
郑州、开封、洛阳、平顶山、安阳、鹤壁、新乡、焦作、濮阳、许昌、漯河、三门峡、南阳、商丘、信阳、周口、驻马店	济源

---

① 任海. 南京青奥会与我国青少年体育价值观的重塑[J]. 体育与科学，2011，32（4）：16.

表6-9 新乡市和驻马店市辖区和县城名单（新乡市12个，驻马店市11个）

市区	县级市及县城
新乡市　红旗区、卫滨区、牧野区、凤泉区	新乡县、获嘉县、原阳县、延津县、封丘县、长垣县、卫辉市、辉县市
驻马店市　驿城区、新区	确山县、遂平县、西平县、上蔡县、汝南县、平舆县、新蔡县、正阳县、泌阳县

表6-10 新乡市区和驻马店市区普通初中名单（新乡市52所，驻马店市27所）

新乡市	新乡市一中、二中、三中、四中、五中、六中、七中、八中、九中、十中、十一中、十二中、十三中、十七中、十八中、十九中、二十中、二十一中、二十二中、二十三中、二十四中、二十五中、二十六中、二十七中、二十八中、二十九中、三十中、三十一中、三十二中、三十三中、三十四中、三十五中、三十六中、三十七中、三十八中、三十九中、四十中、四十一中、四十二中、四十三中、四十五中、铁一中、铁二中、中铝中学、峙山堡中学、爱华中学、河南师范大学实验中学、洪门初中、李源屯镇三中、刘堤初中、石油中学、原堤中学
驻马店市	驻马店一中、二中、三中、四中、五中、七中、八中、九中、十中、十一中、十二中、十三中、十四中、顺河一中、二中、胡庙一中、二中、水屯一中、二中、诸市一中、二中、驻马店实验学校、古城初中、关王庙初中、刘阁初中、香山初中、朱古洞中学

表6-11 原阳县和西平县农村普通初中名单（原阳县39所，西平县31所）

原阳县	葛埠口一中、二中，福宁集镇一中、二中，师寨乡一中、二中、三中，祝楼乡一中、二中、三中，桥北一中、二中，官厂乡一中、二中，陡门乡一中、二中，梁寨乡一中、二中，齐街乡一中、二中，路寨乡一中、二中、三中，阳阿乡一中、二中，靳堂乡一中、二中，黑羊山乡一中，秀清中学，闫店庄中学，马井中学，韩董庄乡一中，原武镇中，蒋庄乡中，包厂乡中，大宾乡中，郭庄乡中，太平镇乡中，王杏兰乡中
西平县	二郎一中、二中，芦庙一中、二中，谭店一中、二中，盆尧一中、二中，五沟营一中、二中，权寨一中、二中，重渠一中、二中，蔡寨中学，出山中学，二郎乡皮庄中学，焦村初中，金刚初中，农场初中，环城中学，人和中学，师灵中学，蔡寨回民中学，出山中学，观音堂中学，吕店中学，宋集中学，仪封中学，专探中学，杨庄中学

根据上述原则和方法对初中生开展问卷调查，问卷发放683份，回收683

份，回收率为 100%，剔除无效问卷 22 份，有效回收率为 97%。又根据预调查时采用的社会赞许量表删除了得分高于临界值 7 分的研究参与者。共删除 88 份，剩余 573 份，并对其进行编码。从问卷描述性内容看，构建了包括 4 个因素维度和 32 个解释变量在内的影响青少年体育参与动力的指标体系。问卷采用预调查时的 Likert 量表进行测量。

（三）数据分析

本研究对调研数据采用信度分析、效度分析、因子分析等方法，同时运用 SPSS16.0 统计软件进行规范统计，以期获得影响青少年体育参与动力的关键因素，为构建青少年体育参与动力机制提供依据。

1. 信度检验

根据预调查时的信度设计标准和方法，本研究问卷的内部一致性检验中，总量表的 α 值为 0.901，分量表中 α 值全部都大于 0.6，表明分量表内在一致性较好。问卷各因素的 Cronbach's Alpha 值，如表 6-12 所示。

表 6-12 青少年体育参与动力的影响因素的 Cronbach's Alpha 值一览

项目	Cronbach's Alpha	参考标准
总问卷可靠性	0.901	
个人因素维度	0.799	
学校因素维度	0.639	$\alpha > 0.6$
家庭因素维度	0.743	
社会因素维度	0.745	

分析结果显示，表 6-12 中的所有因素变量的值均大于 0.6 的信度系数值，均符合本研究所设定的标准，表明测量的一致性程度较高，而且个人影响因素的 Cronbach's Alpha 值最高，为 0.799，接近 0.8，由此可见，数据具有较高的复合信度。

2. 效度检验

根据预调查时的效度设计标准和方法，通过做 KMO 和 Bartlett 球形检验，KMO 为 0.736，Bartlett 球形检验为 0.000。如果 KMO > 0.5，则表明可以进行因子分析；另外，如果 Bartlett 球形检验的 $P < 0.001$，说明效度可以。然后提取因子后，看主因子解释总变异的百分比和各因子的因子载荷，主因子解释总变异若大于 50% 和因子载荷大于 0.6，说明结构效度很好。通过 KMO 和 Bartlett 球形检验及表 6-13、表 6-14 来看，问卷结构效度较好。

需要说明的是个人运动基础维度的"担心在体育活动中受伤"变量；体育设施等条件保障维度的"体育课有相应的体育活动的设施"变量、课余有参加体育活动的时间变量、课外体育活动有相应的体育活动的设施变量；家长教育观维度的家长鼓励我参与体育活动变量；体育在社会及文化中的定位维度的体育活动是日常生活中不可缺少的组成部分变量，虽然因子载荷小于 0.6，但是根据前人研究和访谈调研结果，上述变量较为重要，予以保留。

表 6-13 变量共同度

	Initial	Extraction
喜欢参与体育活动	1	0.795
除学校规定的体育活动外，每周还会再参加体育活动	1	0.741
参与体育活动中，遇到困难能坚持到底	1	0.726
比伙伴们更擅长玩一些体育项目	1	0.759
如何进行体育活动，懂得比伙伴们多	1	0.825
体育活动可以强身健体	1	0.752
体育活动可以促进人全面发展	1	0.771
体育活动是日常生活中不可缺少的组成部分	1	0.520
受体育明星的影响	1	0.702
受体育好的同学的榜样影响	1	0.734
别人赞赏我参与体育活动	1	0.769

第六章　窘因：我国青少年体育参与动力的影响因素

续表

	Initial	Extraction
家长鼓励我参与体育活动	1	0.759
伙伴们带动我参与体育活动	1	0.784
课余有参加体育活动的时间	1	0.676
体育课上能学到很多运动项目的技术技能	1	0.834
喜欢体育老师	1	0.844
除体育课外，还有一些课外体育活动	1	0.716
学校里有老师组织参与课外体育活动	1	0.789
担心在体育活动中受伤	1	0.668
体育课有相应的体育活动的设施	1	0.725
课外体育活动有相应的体育活动的设施	1	0.815
考高中时，需要考试体育	1	0.835
父亲支持我参与体育活动	1	0.846
母亲支持我参与体育活动	1	0.825
父亲有参与体育活动的习惯	1	0.819
母亲有参与体育活动的习惯	1	0.827
擅长一些体育运动项目，会受到周围人的尊敬	1	0.695
熟悉的人都关注体育活动	1	0.724
在家附近，有常玩的体育项目的相应设施	1	0.686
电视、网络中的节目倡导大众参与体育活动	1	0.748
喜欢电视、网络中的体育节目	1	0.709
电视、网络中的体育节目能促使参与体育活动	1	0.598

Extraction Method: Principal Component Analysis.

表 6-14 青少年体育参与动力机制研究设计的因子载荷分析一览

研究设计变量指标	测量变量	因子载荷	分析结果
个人运动基础	喜欢参与体育活动	0.744	维度正确，6个可测量变量能够反映其因子
	除学校规定的体育活动外，每周还会再参加体育活动	0.645	
	参与体育活动中，遇到困难能坚持到底	0.655	
	比伙伴们更擅长玩一些体育项目	0.811	
	担心在体育活动中受伤	0.466	
	如何进行体育活动，懂得比伙伴们多	0.754	
体育价值观	体育活动可以强身健体	0.794	维度正确，2个可测量变量能够反映其因子
	体育活动可以促进人全面发展	−0.692	
他人影响	受体育好的同学的榜样影响	0.635	维度正确，3个可测量变量能够反映其因子
	别人赞赏我参与体育活动	0.790	
	伙伴们带动我参与体育活动	0.604	
学校正常体育活动	体育课上能学到很多运动项目的技术技能	0.757	维度正确，2个可测量变量能够反映其因子
	除体育课外，还有一些课外体育活动	−0.633	
体育教师	喜欢体育老师	0.727	维度正确，2个可测量变量能够反映其因子
	在学校，有老师组织参与课外体育活动	0.788	
体育设施等条件保障	体育课有相应的体育活动的设施	0.570	维度正确，4个可测量变量能够反映其因子
	在家附近，有常玩的体育项目的相应设施	0.767	
	课余有参加体育活动的时间	0.467	
	课外体育活动有相应的体育活动的设施	−0.555	

第六章 窘因：我国青少年体育参与动力的影响因素

续表

研究设计变量指标	测量变量	因子载荷	分析结果
家庭教育观	父亲支持我参与体育活动	0.847	维度正确，3个可测量变量能够反映其因子
	家长鼓励我参与体育活动	0.543	
	母亲支持我参与体育活动	0.847	
家庭体育氛围	父亲有参与体育活动的习惯	0.847	维度正确，2个可测量变量能够反映其因子
	母亲有参与体育活动的习惯	0.728	
体育在社会中的文化定位	擅长一些体育运动项目，会受到周围人的尊敬	0.687	维度正确，4个可测量变量能够反映其因子
	体育活动是日常生活中不可缺少的组成部分	0.585	
	考高中时，需要考试体育	0.720	
	熟悉的人都关注体育活动	0.697	
大众传媒	电视、网络中的节目倡导大众参与体育活动	0.818	维度正确，4个可测量变量能够反映其因子
	喜欢电视、网络中体育节目	0.673	
	受体育明星的影响	0.654	
	电视、网络中的体育节目能促使参与体育活动	0.637	

注：因子载荷标准大于0.6。

3. 因子分析

鉴于因子分析能将众多假设变量进行深入分析，从样本变量数据中进行降维并探寻出潜在的公共属性，也即公共因子信息，以此来测量构建的效度。故本研究采用因子分析法对影响青少年体育参与动力的10个因素进行定量分析，结果分析如下：KMO样本测度和Bartlett球形检验是检验指标是否适合做因子分析的两种方法，KMO值越大，表示变量间的共同因素越多，越适合做因子分析。学者Kaiser（1974）认为，若KMO<0.5时，则不适宜做因子分析。对影响青少年体育参与动力的因素进行KMO和Bartlett球形检验，如表6-15所示。

青少年体育参与动力机制

KMO 值为 0.736，表示适合做因子分析。此外，从 Bartlett 球形检验的 x^2 值为 12 165.796（自由度为 496），Sig=0.000，达到显著，表明因素变量的相关矩阵存在共同因素，适合做因子分析。

表 6-15　KMO 和 Bartlett 球形检验一览

Kaiser-Meyer-Olkin Measure of Sampling Adequacy		0.736
Bartlett's Test of Sphericity	Approx. Chi-Square	12 165.796
	Df	496.000
	Sig.	0.000

此外，经因子分析后，利用因子分析碎石图、主成分特征值及贡献率的帮助来确定 32 个影响因素的最优因子数量。如图 6-1 所示，横坐标表示因子数目，纵坐标表示特征值。前 10 个特征值＞1，即前 10 个因子对解释变量的贡献最大，解释了总体方差的 75.056%，因而提取前 10 个主成分作为代表原有 32 个指标的综合指标进行分析。各因素指标的主成分特征值及贡献率，如表 6-16 所示。

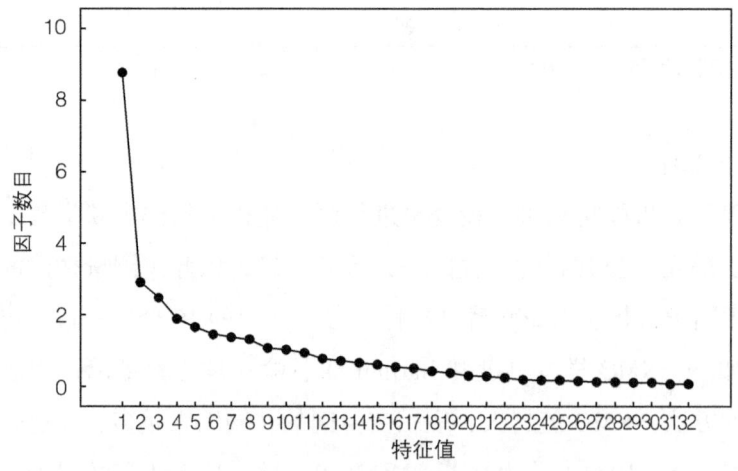

图 6-1　碎石图

第六章 窘因：我国青少年体育参与动力的影响因素

表 6-16 各因素指标的主成分特征值及贡献率

Component	Initial Eigenvalues			Extraction Sums of Squared Loadings		
	Total	Variance (%)	Cumulative (%)	Total	Variance (%)	Cumulative (%)
1	8.762	27.380	27.380	8.762	27.380	27.380
2	2.931	9.159	36.539	2.931	9.159	36.539
3	2.478	7.744	44.283	2.478	7.744	44.283
4	1.891	5.910	50.193	1.891	5.910	50.193
5	1.658	5.181	55.374	1.658	5.181	55.374
6	1.457	4.554	59.928	1.457	4.554	59.928
7	1.389	4.342	64.270	1.389	4.342	64.270
8	1.328	4.149	68.419	1.328	4.149	68.419
9	1.084	3.386	71.805	1.084	3.386	71.805
10	1.040	3.251	75.056	1.040	3.251	75.056
11	0.955	2.983	78.039			
12	0.788	2.462	80.501			
13	0.731	2.284	82.785			
14	0.678	2.119	84.904			
15	0.625	1.953	86.857			
16	0.545	1.702	88.560			
17	0.520	1.625	90.185			
18	0.439	1.372	91.557			
19	0.390	1.220	92.777			
20	0.308	0.963	93.740			

续表

Component	Initial Eigenvalues			Extraction Sums of Squared Loadings		
	Total	Variance (%)	Cumulative (%)	Total	Variance (%)	Cumulative (%)
21	0.303	0.948	94.688			
22	0.262	0.819	95.508			
23	0.214	0.669	96.177			
24	0.194	0.606	96.783			
25	0.188	0.587	97.370			
26	0.162	0.505	97.875			
27	0.152	0.475	98.349			
28	0.139	0.436	98.785			
29	0.120	0.376	99.161			
30	0.106	0.332	99.493			
31	0.087	0.271	99.764			
32	0.075	0.236	100.000			

Extraction Method：Principal Component Analysis.

为明确主成分与各指标的相关程度，进行了主成分荷载分析，主成分荷载越高，则说明该主成分与该指标的相关度越高，分析结果，如表6-17所示。依据因子对应的各项目的含义，将这10个公因子分别命名为：自身运动基础因子、大众传媒因子、家庭体育观因子、体育的社会地位因子、家长体育习惯因子、同伴影响因子、体育功能观因子、体育教师因子、体育设施及时间保障因子、体育课内外融合因子。根据以上因子分析结果，产生新的研究构面，形成因子分析后新的青少年体育参与动力影响因素的理论模型，如图6-2所示。

第六章 窘因：我国青少年体育参与动力的影响因素

表 6-17 旋转后的各因素指标归类

	Component									
	1	2	3	4	5	6	7	8	9	10
4	0.811	0.091	0.164	−0.004	0.202	−0.040	−0.133	0.014	0.030	0.073
5	0.754	0.170	0.050	0.320	0.217	−0.152	−0.113	−0.046	0.151	0.122
1	0.744	0.297	0.203	−0.027	0.065	0.152	0.209	0.172	0.106	0.018
3	0.655	0.398	0.128	−0.080	0.113	0.056	0.277	0.117	0.094	−0.015
2	0.645	0.170	0.035	0.077	−0.084	0.185	0.392	0.012	0.262	−0.157
19	0.466	0.090	0.301	0.214	0.019	0.118	0.359	0.326	0.140	0.194
30	0.203	0.818	0.084	0.019	0.068	0.129	0.084	−0.021	−0.016	−0.035
31	0.160	0.673	−0.127	0.134	−0.088	−0.157	0.166	0.250	0.002	0.273
9	0.130	0.654	0.222	0.217	0.330	−0.036	0.173	0.037	0.033	−0.137
32	0.290	0.637	0.079	0.065	0.013	0.183	−0.128	−0.097	0.140	0.139
23	0.233	0.055	0.847	0.112	0.028	0.219	−0.032	0.031	0.088	−0.012
24	0.189	0.050	0.847	0.105	0.056	0.169	0.034	0.094	0.128	−0.017
12	0.139	0.270	0.543	−0.109	0.414	−0.006	0.366	0.023	0.140	0.186
22	−0.113	0.272	0.234	0.720	0.047	−0.341	−0.147	0.182	0.006	−0.050
28	0.161	0.256	0.234	0.697	0.045	0.005	−0.071	−0.152	0.039	0.246
27	0.064	−0.106	−0.078	0.687	0.198	0.336	−0.121	0.175	−0.067	0.004
8	0.093	0.024	−0.018	0.585	0.122	−0.045	0.145	0.297	0.053	−0.198
25	0.129	−0.026	0.146	0.171	0.847	0.085	−0.050	−0.069	0.122	0.067
26	0.158	0.166	−0.056	0.125	0.728	0.060	0.109	0.411	0.202	−0.014
11	0.053	0.005	0.240	−0.175	0.009	0.790	−0.183	0.093	−0.113	0.004
10	−0.077	0.133	0.477	0.102	0.206	0.635	−0.035	−0.100	0.002	0.125
13	0.123	0.248	0.081	0.280	0.112	0.604	0.279	−0.001	0.406	−0.048
6	0.104	0.195	0.182	0.007	0.163	−0.014	0.794	0.057	0.098	−0.002
7	−0.032	0.070	0.288	0.241	0.166	0.192	−0.692	0.240	0.061	−0.134
18	−0.094	−0.079	−0.044	0.256	0.087	0.147	−0.062	0.788	0.081	−0.216
16	0.387	0.183	0.252	0.043	0.068	−0.198	−0.042	0.727	−0.044	0.141
29	0.222	−0.008	0.131	0.019	0.165	−0.032	0.002	0.031	0.767	−0.021

续表

	Component									
	1	2	3	4	5	6	7	8	9	10
20	0.304	0.324	0.204	0.035	0.214	0.006	0.223	0.249	0.570	0.036
21	0.316	0.275	0.103	0.198	0.503	0.107	0.056	0.083	−0.555	−0.084
14	0.281	0.308	0.222	0.078	0.398	0.228	0.118	0.002	0.467	0.074
15	0.333	0.171	0.121	0.109	0.003	0.241	0.016	0.070	0.175	0.757
17	0.235	0.029	0.083	0.180	−0.117	0.193	−0.131	0.342	0.190	−0.633

Extraction Method：Principal Component Analysis.
Rotation Method：Varimax with Kaiser Normalization.
a. Rotation converged in 12 iterations.

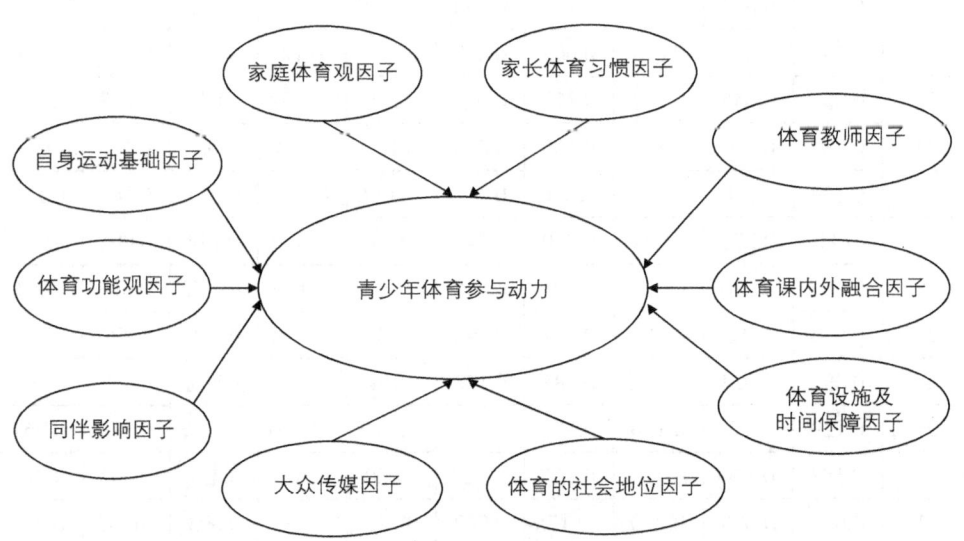

图 6-2 新的青少年体育参与动力影响因素的理论模型

根据生物人成长为社会人的环境影响理论，青少年的行为受两大因素影响：青少年个人和外界环境，外界环境包括自然环境和社会环境，由于自然环境和青少年体育行为关系不大，故此处的外界环境指社会环境，社会环境主要包括家庭、学校、社会。为了方便讨论，本研究把十大公因子分别归入上述四类，如图 6-3 所示。

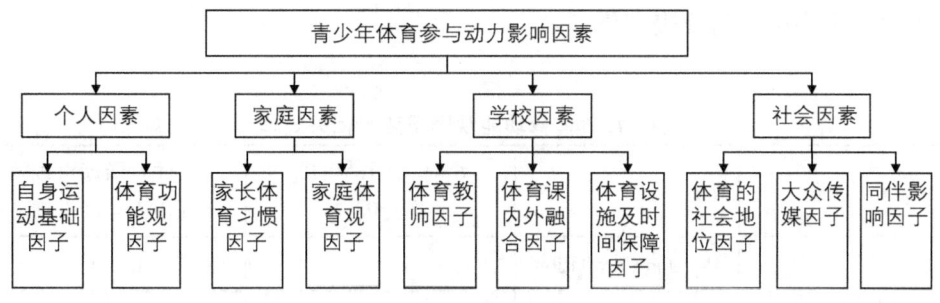

图 6-3 青少年体育参与动力影响因素归类

公因子归类后，可以从四大类及下属的十大公因子进行讨论。但是每个公因子有数量不等的解释变量，在研究中选择哪个变量作为代表变量呢？即如何选择典型变量（指标）呢？典型指标的选择主要根据专业知识，考察在一类指标中：一是哪个指标最有代表性；二是最容易测得；三是如果从专业角度不好确定，还可以进行进一步计算来确定，即通过式（6-1）计算：

$$\overline{R}_j^2 = \sum x_j^2 / m_j, \qquad （6-1）$$

其中，R 为指标 x_j 与同类中其他指标间的相关系数，m_j 为指标 x_j 所在类的指标个数。通过比较下属解释变量的相关指数，将相关指数最大的作为该组变量的代表变量[①]。本研究根据公式计算并结合专业角度，选取两个变量作为代表变量。

第二节 个人因素影响

一、体育功能观因子

在 32 个解释变量中，体育功能观因子包括了 2 个解释变量，分别是"体育活动可以强身健体"和"体育活动可以促进人全面发展"。为了便于讨论，需要在 2 个解释变量中，选择典型指标或称代表变量，如表 6-18 所示。根据相关矩阵，读取相关系数，依据式（6-1）计算相关指数，二者的相关指数相同，因

---

① 卢纹岱. SPSS for windows 统计分析 [M]. 2 版. 北京：电子工业出版社，2004：366-370.

此该组变量均可作为代表变量。

表 6–18　体育功能观因子变量相关矩阵

		6. 体育活动可以强身健体	7. 体育活动可以促进人全面发展
6. 体育活动可以强身健体	Pearson Correlation	1	−0.375**
	Sig.（2-tailed）		0.000
	N	573	573
7. 体育活动可以促进人全面发展	Pearson Correlation	−0.375**	1
	Sig.（2-tailed）	0.000	
	N	573	573

**. Correlation is significant at the 0.01 level（2-tailed）.

（一）体育强身健体的功能

由于"完全同意"和"比较同意"，以及"不同意"和"很不同意"，只是表示态度的程度，并没有质的不同，因此，可以把它们视为同类程度。调查显示，"体育活动可以强身健体"因素，选择"完全同意"和"比较同意"的人数占总人数的 54.1%，"一般"的占 30.7%，"不同意"和"很不同意"的占 15.2%。大多数被调查者都能认识到体育强身健体的功能影响参与其中，但也有约 30% 的被调查者对其能否影响参与其中认识模糊。

在性别差异方面，根据统计结果，对"体育活动可以强身健体"能否影响参与体育活动，选择"完全同意"和"比较同意"的男生有 174 人，女生有 136 人。通过独立样本 t 检验，如表 6-19 所示，由于方差齐性值 $P < 0.05$，因此，两组方差不齐性；t 检验应取 Equal variances not assumed 行的值，差异具高度显著性（$P < 0.01$）。说明男生更加重视体育强身健体的功能，希望通过体育活动使得身体健壮健美，女生对此有所顾虑，不希望因为进行体育活动而变得健壮，影响美观。

第六章 窘因：我国青少年体育参与动力的影响因素

表6-19 t检验结果

		Levene's Test for Equality of Variances		t-test for Equality of Means						
									95% Confidence Interval of the Difference	
		F	Sig.	t	df	Sig.（2-tailed）	Mean Difference	Std. Error Difference	Lower	Upper
6.体育活动可以强身健体	Equal variances assumed	31.270	0.000	−4.991	571	0.000	−0.483	0.097	−0.673	−0.293
	Equal variances not assumed			−4.914	495.044	0.000	−0.483	0.098	−0.676	−0.290

针对"体育活动可以强身健体"和课余参加体育活动的相关性，如表6-20所示，相关具高度显著性（$r=0.292$，$P<0.01$）。说明体育强身健体的功能可以很大程度上促进青少年参与体育活动。

表6-20 "体育活动可以强身健体"和课余参加体育活动的相关性

		14.参加体育活动（打球、跑步等）	6.体育活动可以强身健体
14.参加体育活动（打球、跑步等）	Pearson Correlation	1	0.292**
	Sig.（2-tailed）		0.000
	N	573	573
6.体育活动可以强身健体	Pearson Correlation	0.292**	1
	Sig.（2-tailed）	0.000	
	N	573	573

**. Correlation is significant at the 0.01 level（2-tailed）.

（二）体育促进人全面发展的功能

调查显示，"体育活动可以促进人全面发展"因素，选择"完全同意"和"比较同意"的人数占总人数67.3%，"一般"的占19.2%，"不同意"和"很不同意"的占13.5%。大多数被调查者都能认识到体育促进人全面发展的功能影响参与其中，但也有约20%的被调查者对其认识模糊。

强身健体是体育的本质功能，也是外显功能。促进人全面发展也是体育的重要功能，人存在和发展的意义就是可持续又全面的自我发展，身体的发展是自我发展中最重要的部分，体育对于人的身体发展和精神发展都具有重要意义。不论是强身健体还是促进人全面发展，都是指向"人"，也即参与者本身。因此，要培养青少年正确的体育功能观，有效地促进青少年体育参与。

二、自身运动基础因子

在32个解释变量中，自身运动基础因子包括了6个解释变量，分别是"比伙伴们更擅长玩一些体育项目""如何进行体育活动，懂得比伙伴们多""喜欢参与体育活动""参与体育活动中，遇到困难能坚持到底""除学校规定的体育活动外，每周还会再参加体育活动"和"担心在体育活动中受伤"。为了便于讨论，需要在6个解释变量中，选择典型指标或称代表变量，如表6-21所示。

表6-21 自身运动基础因子变量相关矩阵

		1.喜欢参与体育活动	2.除学校规定的体育活动外，每周还会再参加体育活动	3.参与体育活动中，遇到困难能坚持到底	4.比伙伴们更擅长玩一些体育项目	5.如何进行体育活动，懂得比伙伴们多	19.担心在体育活动中受伤
1.喜欢参与体育活动	Pearson Correlation	1	0.626**	0.818**	0.572**	0.546**	0.551**
	Sig.（2-tailed）		0.000	0.000	0.000	0.000	0.000
	N	573	573	573	573	573	573

续表

		1.喜欢参与体育活动	2.除学校规定的体育活动外，每周还会再参加体育活动	3.参与体育活动中，遇到困难能坚持到底	4.比伙伴们更擅长玩一些体育项目	5.如何进行体育活动，懂得比伙伴们多	19.担心在体育活动中受伤
2.除学校规定的体育活动外，每周还会再参与体育活动	Pearson Correlation	0.626**	1	0.571**	0.405**	0.435**	0.535**
	Sig.（2-tailed）	0.000		0.000	0.000	0.000	0.000
	N	573	573	573	573	573	573
3.参与体育活动中，遇到困难能坚持到底	Pearson Correlation	0.818**	0.571**	1	0.482**	0.476**	0.515**
	Sig.（2-tailed）	0.000	0.000		0.000	0.000	0.000
	N	573	573	573	573	573	573
4.比伙伴们更擅长玩一些体育项目	Pearson Correlation	0.572**	0.405**	0.482**	1	0.676**	0.348**
	Sig.（2-tailed）	0.000	0.000	0.000		0.000	0.000
	N	573	573	573	573	573	573
5.如何进行体育活动懂得比伙伴们多	Pearson Correlation	0.546**	0.435**	0.476**	0.676**	1	0.432**
	Sig.（2-tailed）	0.000	0.000	0.000	0.000		0.000
	N	573	573	573	573	573	573
19.担心在体育活动中受伤	Pearson Correlation	0.551**	0.535**	0.515**	0.348**	0.432**	1
	Sig.（2-tailed）	0.000	0.000	0.000	0.000	0.000	
	N	573	573	573	573	573	573

**. Correlation is significant at the 0.01 level（2tailed）.

根据表 6-21 相关矩阵，读取相关系数，依据式（6-1）计算相关指数：

$\overline{R_1^2}$=（$0.626^2+0.818^2+0.572^2+0.546^2+0.551^2$）/5=0.39798；

$\overline{R_2^2}$=（$0.626^2+0.571^2+0.405^2+0.435^2+0.535^2$）/5=0.27148；

$\overline{R_3^2}$=（$0.818^2+0.571^2+0.482^2+0.476^2+0.515^2$）/5=0.34386；

$\overline{R_4^2}$=（$0.572^2+0.405^2+0.482^2+0.676^2+0.348^2$）/5=0.26032；

$\overline{R_5^2}$=（$0.546^2+0.435^2+0.476^2+0.676^2+0.432^2$）/5=0.27150；

$\overline{R_{19}^2}$=（$0.551^2+0.535^2+0.515^2+0.348^2+0.432^2$）/5=0.23256。

通过比较 6 个解释变量的相关指数，并结合专业角度，"喜欢参与体育活动"相关指数最大，"参与体育活动中，遇到困难能坚持到底"符合专业理论，因此，该组变量选择了二者作为代表变量。

（一）体育参与的兴趣

调查显示，"喜欢参与体育活动"因素，选择"完全同意"和"比较同意"的人数占总人数的 64.8%，"一般"的占 26.0%，"不同意"和"很不同意"的占 9.2%。在性别差异方面，根据统计结果，对"喜欢参与体育活动"能否影响参与体育活动，选择"完全同意"和"比较同意"的男生有 229 人，女生有 142 人。通过独立样本 t 检验，如表 6-22 所示，由于方差齐性值 $P < 0.05$，因此两组方差不齐性；t 检验应取 Equal variances not assumed 行的值，差异具高度显著性（$P < 0.01$）。说明男生比女生更喜欢体育活动，这也和访谈相吻合。

表 6-22　t 检验结果

		Levene's Test for Equality of Variances		t-test for Equality of Means		
		F	Sig.	t	df	Sig.（2-tailed）
1. 喜欢参与体育活动	Equal variances assumed	35.388	0.000	−8.133	571	0.000
	Equal variances not assumed			−7.989	480.986	0.000

第六章 窘因：我国青少年体育参与动力的影响因素

针对"喜欢参与体育活动"和课余参加体育活动的相关性，如表6-23所示，相关具高度显著性（$r=0.551$，$P<0.01$）。说明体育兴趣可以在很大程度上促进青少年参与体育活动，因此，要注意培养青少年体育参与的兴趣，让他们在兴趣的诱引下，主动参与体育活动。

表6-23 "喜欢参与体育活动"和课余参加体育活动的相关性

		1.喜欢参与体育活动	14.参加体育活动（打球、跑步等）
1.喜欢参与体育活动	Pearson Correlation	1	0.551**
	Sig.（2-tailed）		0.000
	N	573	573
14.参加体育活动（打球、跑步等）	Pearson Correlation	0.551**	1
	Sig.（2-tailed）	0.000	
	N	573	573

**. Correlation is significant at the 0.01 level（2-tailed）.

（二）体育参与的意志力

调查显示，"参与体育活动中，遇到困难能坚持到底"因素，选择"完全同意"和"比较同意"的占总人数的59%，"一般"的占27.1%，"不同意"和"很不同意"的占13.9%。在性别差异方面，根据统计结果，对"参与体育活动中，遇到困难能坚持到底"能否影响参与体育活动，选择"完全同意"和"比较同意"的男生有219人，女生有119人。通过独立样本 t 检验，如表6-24所示，由于方差齐性值 $P<0.05$，因此，两组方差不齐性；t 检验应取 Equal variances not assumed 行的值，差异具高度显著性（$P<0.01$）。说明男生比女生在体育运动中，更能克服困难，有着更好的意志力，这也和访谈相吻合。因此，要加强女生在体育运动中的意志力培养。

青少年体育参与动力机制

表 6-24 t 检验结果

		Levene's Test for Equality of Variances		t-test for Equality of Means		
		F	Sig.	t	df	Sig.（2-tailed）
3.参与体育活动中，遇到困难能坚持到底	Equal variances assumed	29.959	0.000	−9.453	571	0.000
	Equal variances not assumed			−9.299	490.376	0.000

在城市农村差异方面，根据统计结果，对"参与体育活动中，遇到困难能坚持到底"能否影响参与体育活动，选择"完全同意"和"比较同意"的城市学生有 85 人，农村学生有 253 人。通过独立样本 t 检验，如表 6-25 所示，由于方差齐性值 $P < 0.05$，因此，两组方差不齐性；t 检验应取 Equal variances not assumed 行的值，差异具高度显著性（$P < 0.01$）。说明农村学生比城市学生在体育运动中，更能克服困难，有着更好的意志力。因此，要加强城市学生在体育运动中的意志力培养。

表 6-25 t 检验结果

		Levene's Test for Equality of Variances		t-test for Equality of Means		
		F	Sig.	t	df	Sig.（2-tailed）
3.参与体育活动中，遇到困难能坚持到底	Equal variances assumed	5.353	0.021	21.753	571	0.000
	Equal variances not assumed			22.084	548.945	0.000

第六章 窘因：我国青少年体育参与动力的影响因素

针对"参与体育活动中，遇到困难能坚持到底"和课余参加体育活动的相关性，如表6-26所示，相关具高度显著性（$r=0.577$，$P<0.01$）。说明体育参与的意志力可以在很大程度上促进青少年参与体育活动，因此，要注意培养青少年的意志力，使其在体育参与中能够克服困难，坚持下去，同时体育也是培养青少年意志力的较好方式，二者相辅相成。

表6-26 "参与体育活动中，遇到困难能坚持到底"和课余参加体育活动的相关性

		3.参与体育活动中，遇到困难能坚持到底	14.参加体育活动（打球、跑步等）
3.参与体育活动中，遇到困难能坚持到底	Pearson Correlation	1	0.577**
	Sig.（2-tailed）		0.000
	N	573	573
14.参加体育活动（打球、跑步等）	Pearson Correlation	0.577**	1
	Sig.（2-tailed）	0.000	
	N	573	573

**. Correlation is significant at the 0.01 level（2-tailed）.

第三节 家庭因素影响

一、家庭体育观因子

在32个解释变量中，家庭体育观因子包括了3个解释变量，分别是"父亲支持我参与体育活动"、"母亲支持我参与体育活动"和"家长鼓励我参与体育活动"。为了便于讨论，需要在3个解释变量中，选择典型指标或称代表变量，如表6-27所示。

表 6-27　家庭体育观因子变量相关矩阵

		12.家长鼓励我参与体育活动	23.父亲支持我参与体育活动	24.母亲支持我参与体育活动
12.家长鼓励我参与体育活动	Pearson Correlation	1	0.480**	0.464**
	Sig.（2-tailed）		0.000	0.000
	N	573	573	573
23.父亲支持我参与体育活动	Pearson Correlation	0.480**	1	0.809**
	Sig.（2-tailed）	0.000		0.000
	N	573	573	573
24.母亲支持我参与体育活动	Pearson Correlation	0.464**	0.809**	1
	Sig.（2-tailed）	0.000	0.000	
	N	573	573	573

**. Correlation is significant at the 0.01 level（2-tailed）.

根据表 6-27 相关矩阵，读取相关系数，依据式（6-1）计算相关指数：

$\overline{R}_{12}^2$=（0.480^2+0.464^2）/2=0.22285；

$\overline{R}_{23}^2$=（0.480^2+0.809^2）/2=0.44244；

$\overline{R}_{24}^2$=（0.464^2+0.809^2）/2=0.43489。

通过比较 3 个解释变量的相关指数，"父亲支持我参与体育活动"和"母亲支持我参与体育活动"的相关指数较大，因此，该组变量选择了二者作为代表变量。

调查显示，"父亲支持我参与体育活动"因素，选择"完全同意"和"比较同意"的占总人数的 77.8%，"一般"的占 21.3%，"不同意"和"很不同意"的占 0.9%。"母亲支持我参与体育活动"因素，选择"完全同意"和"比较同意"的占总人数的 80.1%，"一般"的占 18.2%，"不同意"和"很不同意"的占 1.7%。

在性别差异方面，根据统计结果，对"父亲支持我参与体育活动"能否影响参与体育活动，选择"完全同意"和"比较同意"的男生有 249 人，女生有

第六章 窘因：我国青少年体育参与动力的影响因素

197人。通过独立样本 t 检验，如表6-28所示，由于方差齐性值 $P > 0.05$，因此，两组方差齐性；t 检验应取 Equal variances assumed 行的值，差异具高度显著性（$P < 0.01$）。

对"母亲支持我参与体育活动"能否影响参与体育活动，选择"完全同意"和"比较同意"的男生有260人，女生有199人。通过独立样本 t 检验，如表6-28所示，由于方差齐性值 $P > 0.05$，因此，两组方差齐性；t 检验应取 Equal variances assumed 行的值，差异具高度显著性（$P < 0.01$）。说明家长更支持男孩参与体育活动，这和我国传统文化对性别的影响有关，男孩更凸显健壮、阳刚，女孩更注重苗条、阴柔。

表6-28 t 检验结果

		Levene's Test for Equality of Variances		t-test for Equality of Means		
		F	Sig.	t	df	Sig. (2-tailed)
23. 父亲支持我参与体育活动	Equal variances assumed	0.001	0.975	−3.384	571	0.001
	Equal variances not assumed			−3.375	557.327	0.001
2. 母亲支持我参与体育活动	Equal variances assumed	0.487	0.485	−4.687	571	0.000
	Equal variances not assumed			−4.649	535.088	0.000

在城市农村差异方面，根据统计结果，对"父亲支持我参与体育活动"能否影响参与体育活动，选择"完全同意"和"比较同意"的城市学生有208人，

农村学生有 238 人。通过独立样本 t 检验，如表 6-29 所示，由于方差齐性值 $P > 0.05$，因此，两组方差齐性；t 检验应取 Equal variances assumed 行的值，差异具高度显著性（$P < 0.01$）。

对"母亲支持我参与体育活动"能否影响参与体育活动，选择"完全同意"和"比较同意"的城市学生有 212 人，农村学生有 247 人。通过独立样本 t 检验，如表 6-29 所示，由于方差齐性值 $P < 0.05$，因此，两组方差不齐性；t 检验应取 Equal variances not assumed 行的值，差异具高度显著性（$P < 0.01$）。

说明农村家长较之城市家长，更加支持孩子参与体育运动。看似有违常理，因为城市家长较之农村家长，一般有较高的收入、较好的教育背景、较开阔的思维，应该更加支持孩子参与体育活动，但是在调查中了解到，当前城市家长非常热衷于在课余时间给孩子报种类繁多的补习班、辅导班、兴趣班，而农村家长在这方面，一是没有意识，二是经济条件限制，很少在课余时间安排孩子学习。因此，应在城市学生课余时间，给他们减负，让他们有时间和精力参与体育活动。

表 6-29 t 检验结果

		Levene's Test for Equality of Variances		t-test for Equality of Means		
		F	Sig.	t	df	Sig.（2-tailed）
23. 父亲支持我参与体育活动	Equal variances assumed	2.053	0.152	5.839	571	0.000
	Equal variances not assumed			5.881	570.042	0.000
24. 母亲支持我参与体育活动	Equal variances assumed	7.109	0.008	6.404	571	0.000
	Equal variances not assumed			6.496	552.701	0.000

第六章 窘因：我国青少年体育参与动力的影响因素

在年级差异方面，根据统计结果，对"父亲支持我参与体育活动"能否影响参与体育活动，选择"完全同意"和"比较同意"的一年级学生有128人，二年级学生有135人，三年级学生有183人。通过单因素方差分析，如表6-30所示，差异具高度显著性（$F=16.116$，$P<0.01$）。又进一步通过多重比较，如表6-31所示，一年级学生和二年级学生，差异不具显著性（$P>0.05$），三年级学生和一、二年级学生，差异具高度显著性（$P<0.01$）。

对"母亲支持我参与体育活动"能否影响参与体育活动，选择"完全同意"和"比较同意"的一年级学生有135人，二年级学生有137人，三年级学生有186人。通过单因素方差分析，如表6-30所示，差异具高度显著性（$F=15.724$，$P<0.01$）。又进一步通过多重比较，如表6-31所示，一年级学生和二年级学生，差异不具显著性（$P>0.05$），三年级学生和一、二年级学生，差异具高度显著性（$P<0.01$）。

说明父母支持孩子参与体育运动，一年级、二年级时差异不具显著性，而三年级时更加支持。根据访谈得知，三年级学生升学考试体育，父母都希望孩子升入高一级重点学校，所以更支持三年级的孩子通过努力参与体育活动而提高升学分数。

表6-30 单因素方差分析结果

		Sum of Squares	df	Mean Square	F	Sig.
23. 父亲支持我参与体育活动	Between Groups	20.247	2	10.123	16.116	0.000
	Within Groups	358.046	570	0.628		
	Total	378.293	572			
24. 母亲支持我参与体育活动	Between Groups	20.865	2	10.433	15.724	0.000
	Within Groups	378.185	570	0.663		
	Total	399.051	572			

表 6-31 多重比较结果

LSD Dependent Variable	（I）年级	（J）年级	Mean Difference（I-J）	Std. Error	Sig.
23. 父亲支持我参与体育活动	1	2	0.120	0.083	0.148
		3	0.437*	0.080	0.000
	2	1	−0.120	0.083	0.148
		3	0.317*	0.081	0.000
	3	1	−0.437*	0.080	0.000
		2	−0.317*	0.081	0.000
24. 母亲支持我参与体育活动	1	2	0.049	0.085	0.563
		3	0.420*	0.082	0.000
	2	1	−0.049	0.085	0.563
		3	0.371*	0.083	0.000
	3	1	−0.420*	0.082	0.000
		2	−0.371*	0.083	0.000

如表 6-32 所示针对"父亲支持我参与体育活动"和课余参加体育活动的相关性，相关具高度显著性（$r=0.184$，$P < 0.01$）。针对"母亲支持我参与体育活动"和课余参加体育活动的相关性，相关具高度显著性（$r=0.203$，$P < 0.01$）。说明家长支持体育参与活动可以在很大程度上促进青少年参与体育活动，因此，要使家长树立正确的教育观、体育观，支持青少年参与体育。

表 6-32 "家长支持参与体育活动"和课余参加体育活动的相关性

		23. 父亲支持我参与体育活动	24. 母亲支持我参与体育活动	14. 参加体育活动（打球、跑步等）
23. 父亲支持我参与体育活动	Pearson Correlation	1	0.809**	0.184**
	Sig.（2-tailed）		0.000	0.000
	N	573	573	573

第六章 窘因：我国青少年体育参与动力的影响因素

续表

		23. 父亲支持我参与体育活动	24. 母亲支持我参与体育活动	14. 参加体育活动（打球、跑步等）
24. 母亲支持我参与体育活动	Pearson Correlation	0.809**	1	0.203**
	Sig.（2-tailed）	0.000		0.000
	N	573	573	573
14. 参加体育活动（打球、跑步等）	Pearson Correlation	0.184**	0.203**	1
	Sig.（2-tailed）	0.000	0.000	
	N	573	573	573

**. Correlation is significant at the 0.01 level（2-tailed）.

二、家长体育习惯因子

在 32 个解释变量中，家长体育习惯因子包括了 2 个解释变量，分别是"父亲有参与体育活动的习惯"和"母亲有参与体育活动的习惯"。为了便于讨论，需要在 2 个解释变量中，选择典型指标或称代表变量，如表 6-33 所示。

表 6-33 家长体育习惯因子变量相关矩阵

		25. 父亲有参与体育活动的习惯	26. 母亲有参与体育活动的习惯
25. 父亲有参与体育活动的习惯	Pearson Correlation	1	0.600**
	Sig.（2-tailed）		0.000
	N	573	573
26. 母亲有参与体育活动的习惯	Pearson Correlation	0.600**	1
	Sig.（2-tailed）	0.000	
	N	573	573

**. Correlation is significant at the 0.01 level（2-tailed）.

根据表 6-33 相关矩阵，读取相关系数，通过比较 2 个解释变量的相关指数，二者的相关指数相同，因此，该组变量均可作为代表变量。

调查显示，"父亲有参与体育活动的习惯"因素，选择"完全同意"和"比较同意"的人数占总人数的42.9%，"一般"的占30.7%，"不同意"和"很不同意"的占26.4%。"母亲有参与体育活动的习惯"因素，选择"完全同意"和"比较同意"的占总人数的27.2%，"一般"的占29.7%，"不同意"和"很不同意"的占43.1%。

在城市农村差异方面，根据统计结果，对"父亲有参与体育活动的习惯"能否影响参与体育活动，选择"完全同意"和"比较同意"的城市学生有115人，农村学生有131人。通过独立样本t检验，由于方差齐性值$P<0.05$，因此，两组方差不齐性；t检验应取Equal variances not assumed行的值，差异具高度显著性（$P<0.01$）。对"母亲有参与体育活动的习惯"能否影响参与体育活动，选择"完全同意"和"比较同意"的城市学生有65人，农村学生有91人。通过独立样本t检验，由于方差齐性值$P>0.05$，因此，两组方差齐性；t检验应取Equal variances assumed行的值，差异具高度显著性（$P<0.01$）（表6–34）。

说明农村家长更具有体育习惯，在访谈中得知（见附录），有多数农村学生和家长把体力劳动等同于体育活动，认为都具有健身价值，没必要再把精力和体力投入体育活动中。因此，要培养农村家长和孩子正确的体育功能观。

表6–34 t检验结果

		Levene's Test for Equality of Variances		t-test for Equality of Means		
		F	Sig.	t	df	Sig.（2-tailed）
25. 父亲有参与体育活动的习惯	Equal variances assumed	10.022	0.002	3.252	571	0.001
	Equal variances not assumed			3.238	552.240	0.001

第六章 窘因：我国青少年体育参与动力的影响因素

续表

		Levene's Test for Equality of Variances		t-test for Equality of Means		
		F	Sig.	t	df	Sig. (2-tailed)
26. 母亲有参与体育活动的习惯	Equal variances assumed	2.641	0.105	5.590	571	0.000
	Equal variances not assumed			5.587	564.135	0.000

如表 6-35 所示，针对"父亲有参加体育活动的习惯"和课余参加体育活动的相关性，相关具显著性（$r=0.098$，$P<0.05$）。"母亲有参加体育活动的习惯"和课余参加体育活动的相关性，相关具高度显著性（$r=0.310$，$P<0.01$）。说明家长的体育习惯可以在很大程度上促进青少年参与体育活动，母亲具有体育习惯对孩子参与体育活动的影响比父亲更大。因此，要注意培养家长的体育习惯，尤其是母亲的体育习惯。

表 6-35 "家长体育习惯"和课余参加体育活动的相关性

		14. 参加体育活动（打球、跑步等）	25. 父亲有参与体育活动的习惯	26. 母亲有参与体育活动的习惯
14. 参加体育活动（打球、跑步等）	Pearson Correlation	1	0.098[*]	0.310[**]
	Sig.（2-tailed）		0.018	0.000
	N	573	573	573
25. 父亲有参与体育活动的习惯	Pearson Correlation	0.098[*]	1	0.600[**]
	Sig.（2-tailed）	0.018		0.000
	N	573	573	573

续表

		14. 参加体育活动（打球、跑步等）	25. 父亲有参与体育活动的习惯	26. 母亲有参与体育活动的习惯
26. 母亲有参与体育活动的习惯	Pearson Correlation	0.310**	0.600**	1
	Sig.（2-tailed）	0.000	0.000	
	N	573	573	573

*. Correlation is significant at the 0.05 level（2-tailed）.

**. Correlation is significant at the 0.01 level（2-tailed）.

第四节　学校因素影响

一、体育教师因子

在32个解释变量中，体育教师因子包括了2个解释变量，分别是"学校里有老师组织参与课外体育活动"和"喜欢体育老师"。为了便于讨论，需要在2个解释变量中，选择典型指标或称代表变量，如表6-36所示。

表6-36　体育教师因子变量相关矩阵

		16. 喜欢体育老师	18. 学校里老师组织参与课外体育活动
16. 喜欢体育老师	Pearson Correlation	1	0.411**
	Sig.（2-tailed）		0.000
	N	573	573
18. 学校里有老师组织参与课外体育活动	Pearson Correlation	0.411**	1
	Sig.（2-tailed）	0.000	
	N	573	573

**. Correlation is significant at the 0.01 level（2-tailed）.

第六章 窘因：我国青少年体育参与动力的影响因素

根据表 6-36 相关矩阵，读取相关系数，通过比较 2 个解释变量的相关指数，二者的相关指数相同，因此，该组变量均可作为代表变量。

（一）认可体育教师

调查显示，"喜欢体育教师"因素，选择"完全同意"和"比较同意"的人数占总人数的 39.3%，"一般"的占 43.1%，"不同意"和"很不同意"的占 17.6%。在性别差异方面，根据统计结果，对"喜欢体育教师"能否影响参与体育活动，选择"完全同意"和"比较同意"的男生有 135 人，女生有 90 人。通过独立样本 t 检验，如表 6-37 所示，由于方差齐性值 $P>0.05$，因此，两组方差齐性；t 检验应取 Equal variances assumed 行的值，差异具高度显著性（$P<0.01$）。说明男生比女生更喜欢体育老师，受更多的影响，这和男生比较喜欢参与体育活动有关。

表 6-37　t 检验结果

		Levene's Test for Equality of Variances		t-test for Equality of Means		
		F	Sig.	t	df	Sig.（2-tailed）
16. 喜欢体育老师	Equal variances assumed	0.066	0.798	−4.389	571	0.000
	Equal variances not assumed			−4.370	552.015	0.000

针对"喜欢体育老师"和课余参加体育活动的相关性，如表 6-38 所示，相关具高度显著性（$r=0.283$，$P<0.01$）。说明认可体育老师可以在很大程度上促进青少年参与体育活动，因此，要注重体育老师综合素质的培养，突出亲和力，促进青少年主动参与体育。

表 6-38 "喜欢体育老师"和课余参加体育活动的相关性

		14.参加体育活动（打球、跑步等）	16.喜欢体育老师
14.参加体育活动（打球、跑步等）	Pearson Correlation	1	0.283**
	Sig.（2-tailed）		0.000
	N	573	573
16.喜欢体育老师	Pearson Correlation	0.283**	1
	Sig.（2-tailed）	0.000	
	N	573	573

**. Correlation is significant at the 0.01 level（2-tailed）.

（二）体育教师的组织能力

"学校里有老师组织参与课外体育活动"因素，选择"完全同意"和"比较同意"的人数占总人数的41%，"一般"的占32.1%，"不同意"和"很不同意"的占26.9%。近半数的学生认为体育教师较好的组织能力是影响学生体育参与的重要因素。青少年体育参与活动需要很多条件，如时间、场地、设施，但是高效有趣的组织也是重要因素，在这方面，体育教师要擅于发挥自身特长，因地制宜，组织学生参与其中。

二、体育课内外融合因子

在32个解释变量中，体育课内外融合因子包括了2个解释变量，分别是"体育课上能学到很多运动项目的技术技能"和"除体育课外，还有一些课外体育活动"。为了便于讨论，需要在2个解释变量中，选择典型指标或称代表变量，如表6-39所示。

表 6-39 体育课内外融合因子变量相关矩阵

		15.体育课上能学到很多运动项目的技术技能	17.除体育课外，还有一些课外体育活动
15.体育课上能学到很多运动项目的技术技能	Pearson Correlation	1	-0.196[**]
	Sig.（2-tailed）		0.000
	N	573	573
17.除体育课外，还有一些课外体育活动	Pearson Correlation	-0.196[**]	1
	Sig.（2-tailed）	0.000	
	N	573	573

**. Correlation is significant at the 0.01 level（2-tailed）.

根据表 6-39 相关矩阵，读取相关系数，通过比较 2 个解释变量的相关指数，二者的相关指数相同，因此，该组变量均可作为代表变量。

（一）体育课内容

调查显示，"体育课上能学到很多运动项目的技术技能"因素，选择"完全同意"和"比较同意"的人数占总人数的 52.7%，"一般"的占 27.4%，"不同意"和"很不同意"的占 19.9%。在性别差异方面，根据统计结果，对"体育课上能学到很多运动项目的技术技能"能否影响参与体育活动，选择"完全同意"和"比较同意"的男生有 178 人，女生有 124 人。通过独立样本 t 检验，如表 6-40 所示，由于方差齐性值 $P > 0.05$，因此，两组方差齐性；t 检验应取 Equal variances assumed 行的值，差异具高度显著性（$P < 0.01$）。

说明男生较之女生，认为体育课内容丰富，能学到很多运动项目的技术技能，更能促进参与体育活动。掌握一些运动项目的技术技能，具有良好的运动基础是体育参与的重要条件，而这种运动基础的获得主要通过学校体育课的平台和体育教师的传授。因此，要改进女生上体育课的状况，帮助她们正确认识和学习运动技术技能。

表 6-40　t 检验结果

		Levene's Test for Equality of Variances		t-test for Equality of Means		
		F	Sig.	t	df	Sig.（2-tailed）
15. 体育课上能学到很多运动项目的技术技能	Equal variances assumed	0.044	0.833	−2.796	571	0.005
	Equal variances not assumed			−2.792	560.921	0.005

针对"体育课上能学到很多运动项目的技术技能"和课余参加体育活动的相关性，如表 6-41 所示，相关具高度显著性（$r=0.138$，$P<0.01$）。说明体育课内容丰富可以在很大程度上促进青少年参与体育活动，因此，要注意学校体育课的质量，多传授一些运动项目的技术技能，让学生有满足感和学习欲，通过学习技术技能来逐渐培养意志力和兴趣，让他们在兴趣、意志力和技术技能习得互相融合中参与体育活动。

表 6-41　"体育课上能学到很多运动项目的技术技能"和课余参加体育活动的相关性

		14. 参加体育活动（打球、跑步等）	15. 体育课上能学到很多运动项目的技术技能
14. 参加体育活动（打球、跑步等）	Pearson Correlation	1	0.138**
	Sig.（2-tailed）		0.001
	N	573	573
15. 体育课上能学到很多运动项目的技术技能	Pearson Correlation	0.138**	1
	Sig.（2-tailed）	0.001	
	N	573	573

**. Correlation is significant at the 0.01 level（2-tailed）.

（二）课外体育活动

调查显示，"除体育课外，还有一些课外体育活动"因素，选择"完全同意"和"比较同意"的人数占总人数的38.2%，"一般"的占38%，"不同意"和"很不同意"的占23.8%。

针对"除体育课外，还有一些课外体育活动"和课余参加体育活动的相关性，如表6-42所示，相关具高度显著性（$r=0.140$，$P<0.01$）。说明课外体育活动可以在很大程度上促进青少年体育参与，因此，要重视开展课外体育活动，体育课相对严格规范，课外体育活动更加重视学生兴趣和爱好，相对自由度较高，学生在课余参与的体育活动项目大多和课外体育活动中自己喜欢的项目相吻合。

表6-42 "除体育课外，还有一些课外体育活动"和课余参加体育活动的相关性

		14.参加体育活动（打球、跑步等）	17.除体育课外，还有一些课外体育活动
14.参加体育活动（打球、跑步等）	Pearson Correlation	1	0.140**
	Sig.（2-tailed）		0.001
	N	573	573
17.除体育课外，还有一些课外体育活动	Pearson Correlation	0.140**	1
	Sig.（2-tailed）	0.001	
	N	573	573

**. Correlation is significant at the 0.01 level（2-tailed）.

三、体育设施及时间保障因子

在32个解释变量中，体育设施及时间保障因子包括4个解释变量，分别是"在家附近，有常玩的体育项目的相应设施""体育课有相应的体育活动的设施""课外体育活动有相应的体育活动的设施""课余有参与体育活动的时

间"。为了便于讨论，需要在4个解释变量中，选择典型指标或称代表变量，如表6-43所示。

表6-43 体育设施及时间保障因子变量相关矩阵

		14.课余有时间参与体育活动	20.体育课有相应的体育活动设施	21.课外体育活动有相应的体育设施	29.在家附近，有常玩的体育项目相应设施
14.课余有参与体育活动的时间	Pearson Correlation	1	0.573**	0.206**	0.399**
	Sig.（2-tailed）		0.000	0.000	0.000
	N	573	573	573	573
20.体育课有相应的体育活动的设施	Pearson Correlation	0.573**	1	0.042	0.495**
	Sig.（2-tailed）	0.000		0.311	0.000
	N	573	573	573	573
21.课外体育活动有相应的体育活动的设施	Pearson Correlation	0.206**	0.042	1	−0.125**
	Sig.（2-tailed）	0.000	0.311		0.003
	N	573	573	573	573
29.在家附近，有常玩的体育项目的相应设施	Pearson Correlation	0.399**	0.495**	−0.125**	1
	Sig.（2-tailed）	0.000	0.000	0.003	
	N	573	573	573	573

**. Correlation is significant at the 0.01 level（2-tailed）.

根据表6-43所示相关矩阵，读取相关系数，依据式（6-1）计算相关指数：

$\overline{R}_{14}^2 = (0.573^2 + 0.206^2 + 0.399^2)/3 = 0.17666;$

$\overline{R}_{20}^2 = (0.574^2 + 0.042^2 + 0.295^2)/3 = 0.13904;$

$\overline{R}_{21}^2 = (0.206^2 + 0.042^2 + 0.125^2)/3 = 0.01994;$

$\overline{R}_{29}^2 = (0.399^2 + 0.495^2 + 0.125^2)/3 = 0.13995。$

第六章 窘因：我国青少年体育参与动力的影响因素

通过比较 4 个解释变量的相关指数，并结合专业角度，"课余有时间参与体育活动"的相关指数最大，"有体育活动设施"符合专业理论，因此，该组变量选择二者作为代表变量。

（一）体育活动时间

调查显示，"课余有参与体育活动的时间"因素，选择"完全同意"和"比较同意"的人数占总人数的 74.5%，"一般"的占 19.9%，"不同意"和"很不同意"的占 5.6%。在性别差异方面，根据统计结果，对"课余有参与体育活动的时间"能否影响参与体育活动，选择"完全同意"和"比较同意"的男生有 247 人，女生有 180 人。通过独立样本 t 检验，如表 6-44 所示，由于方差齐性值 $P > 0.05$，因此，两组方差齐性；t 检验应取 Equal variances assumed 行的值，差异具高度显著性（$P < 0.01$）。说明男生比女生在课余参与体育运动中，时间更多，这和男孩更喜欢参与体育活动有关。因此，要加强女生在课余时间多参加体育活动。

表 6-44 t 检验结果

		Levene's Test for Equality of Variances		t-test for Equality of Means		
		F	Sig.	t	df	Sig.（2-tailed）
14. 课余有参与体育活动的时间	Equal variances assumed	3.598	0.058	−4.780	571	0.000
	Equal variances not assumed			−4.752	544.933	0.000

在城市农村差异方面，根据统计结果，对"课余有参与体育活动的时间"能否影响参与体育活动，选择"完全同意"和"比较同意"的城市学生有 195 人，农村学生有 232 人。通过独立样本 t 检验，如表 6-45 所示，由于方差齐性值 $P < 0.05$，因此，两组方差不齐性；t 检验应取 Equal variances not assumed 行的值，差异具高度显著性（$P < 0.01$）。说明农村学生比城市学生在课余参

与体育运动中,时间更多。访谈中得知(见附录),农村学生学业负担相对较轻,放学后基本没有参加其他学习,仅有一些课后的作业,有些学习能力强的学生在课堂上即可完成,有较多的课余时间,而城市学生的课余学业负担较重,课余时间大多被各类辅导班占用。因此,要更加注重给城市学生减负,让他们拥有多一点的课余时间,进而引导他们在课余时间参与体育活动。

表 6-45　t 检验结果

		Levene's Test for Equality of Variances		t-test for Equality of Means		
		F	Sig.	t	df	Sig.(2-tailed)
14. 课余有参与体育活动的时间	Equal variances assumed	5.070	0.025	7.631	571	0.000
	Equal variances not assumed			7.668	570.978	0.000

在年级差异方面,根据统计结果,对"课余有参与体育活动的时间"能否影响参与体育活动,选择"完全同意"和"比较同意"的一年级学生有128人,二年级学生有121人,三年级学生有178人。通过单因素方差分析,如表6-46所示,差异具高度显著性(F=14.712,$P<0.01$)。又进一步通过多重比较,如表6-47所示,一年级学生和二年级学生,差异不具显著性($P>0.05$),三年级学生和一、二年级学生,差异具高度显著性($P<0.01$)。

说明一、二、三年级学生在"课余有参与体育活动的时间"方面有高度显著性差异,三年级学生有更多的课余时间参加体育活动,这和三年级学生即将升入高一级有关,不论是学生自身,还是学校和家长,都希望学生能通过课余时间参与体育活动来提高升学考试的分数。

第六章 窘因：我国青少年体育参与动力的影响因素

表 6-46 单因素方差分析结果

14. 课余有参与体育活动的时间

	Sum of Squares	df	Mean Square	F	Sig.
Between Groups	25.301	2	12.651	14.712	0.000
Within Groups	490.147	570	0.860		
Total	515.449	572			

表 6-47 多重比较结果

14. 课余有参与体育活动的时间
LSD

（I）年级	（J）年级	Mean Difference （I-J）	Std. Error	Sig.	95% Confidence Interval	
					Lower Bound	Upper Bound
1	2	-0.007	0.097	0.940	-0.200	0.18
	3	0.435*	0.093	0.000	0.25	0.62
2	1	0.007	0.097	0.940	-0.18	0.20
	3	0.442*	0.095	0.000	0.26	0.63
3	1	-0.435*	0.093	0.000	-0.62	-0.25
	2	-0.442*	0.095	0.000	-0.63	-0.26

*. The mean difference is significant at the 0.05 level.

针对"课余有参与体育活动的时间"和课余参加体育活动的相关性，如表 6-48 所示，相关具高度显著性（$r=0.349$，$P<0.01$）。说明课余有参与体育活动的时间可以在很大程度上促进青少年参与体育活动，因此，要给青少年留足课余时间，让他们有时间能根据自己的兴趣，选择自己喜欢参与的体育活动。

表 6-48 "课余有参与体育活动的时间"和课余参加体育活动的相关性

		14. 参加体育活动（打球、跑步等）	14. 课余有参与体育活动的时间
14. 参加体育活动（打球、跑步等）	Pearson Correlation	1	0.349**
	Sig.（2-tailed）		0.000
	N	573	573
14. 课余有参与体育活动的时间	Pearson Correlation	0.349**	1
	Sig.（2-tailed）	0.000	
	N	573	573

**. Correlation is significant at the 0.01 level（2-tailed）.

（二）体育活动设施

调查显示，"在家附近，有常玩的体育项目的相应设施"因素，选择"完全同意"和"比较同意"的人数占总人数的91.4%，"一般"的占7.9%，"不同意"和"很不同意"的占0.7%。"体育课有相应的体育活动的设施"因素，选择"完全同意"和"比较同意"的占总人数的84.5%，"一般"的占12.2%，"不同意"和"很不同意"的占3.3%。

在城市农村差异方面，根据统计结果，对"在家附近，有常玩的体育项目的相应设施"能否影响参与体育活动，选择"完全同意"和"比较同意"的城市学生有269人，农村学生有255人。通过独立样本t检验，如表6-49所示，由于方差齐性值$P < 0.05$，因此，两组方差不齐性；t检验应取Equal variances not assumed行的值，差异具高度显著性（$P < 0.01$）。说明城市的社区体育设施比农村的村落体育设施更好，"工欲善其事，必先利其器"。因此，要加强农村的村落体育设施建设。

第六章 窘因：我国青少年体育参与动力的影响因素

表 6-49　t 检验结果

		Levene's Test for Equality of Variances		t-test for Equality of Means		
		F	Sig.	t	df	Sig. (2-tailed)
29.在家附近，有常玩的体育项目的相应设施	Equal variances assumed	54.677	0.000	5.541	571	0.000
	Equal variances not assumed			5.589	568.198	0.000

针对"体育课有相应的体育活动的设施；在家附近，有常玩的体育项目的相应设施"和课余参加体育活动的相关性，如表 6-50 所示，相关不具显著性（$r=0.047$，$P > 0.05$）。说明社区体育设施可以促进青少年课余参加体育活动，但并没有很显著的推动作用。针对"体育课有相应的体育活动的设施"和课余参加体育活动的相关性，相关具高度显著性（$r=0.297$，$P < 0.01$）。说明体育课设施可以在很大程度上促进青少年课余参加体育活动，因为体育课有相应体育活动的设施，可以保证正常的教学，学到一些运动项目的技术技能，从而促进学生课余参与体育活动。

表 6-50　"体育课有相应的体育活动的设施；在家附近，有常玩的体育项目的相应设施"与课余参加体育活动的相关性

		14.参加体育活动（打球、跑步等）	20.体育课有相应的体育活动设施	29.在家附近，有常玩的体育项目的相应设施
14.参加体育活动（打球、跑步等）	Pearson Correlation	1	0.297**	0.047
	Sig. (2-tailed)		0.000	0.259
	N	573	573	573

续表

		14.参加体育活动（打球、跑步等）	20.体育课有相应的体育活动设施	29.在家附近，有常玩的体育项目的相应设施
20.体育课有相应的体育活动的设施	Pearson Correlation	0.297**	1	0.495**
	Sig.（2-tailed）	0.000		0.000
	N	573	573	573
29.在家附近，有常玩的体育项目的相应设施	Pearson Correlation	0.047	0.495**	1
	Sig.（2-tailed）	0.259	0.000	
	N	573	573	573

**. Correlation is significant at the 0.01 level（2-tailed）.

第五节　社会因素影响

一、体育的社会地位因子

在32个解释变量中，体育的社会地位因子包括4个解释变量，分别是"考高中时需要考试体育"、"熟悉的人都关注体育活动"、"擅长一些体育运动项目，会受到周围人尊敬"和"体育活动是日常生活中不可缺少的组成部分"。为了便于讨论，需要在4个解释变量中，选择典型指标或称代表变量，如表6-51所示。

第六章 窘因：我国青少年体育参与动力的影响因素

表 6-51 体育的社会地位因子变量相关矩阵

		8.体育活动是日常生活中不可缺少的组成部分	22.考高中时，需要考试体育	27.擅长一些体育项目，会受到周围人尊敬	28.熟悉的人都关注体育活动
8.体育活动是日常生活中不可缺少的组成部分	Pearson Correlation	1	0.427**	0.323**	0.225**
	Sig.（2-tailed）		0.000	0.000	0.000
	N	573	573	573	573
22.考高中时，需要考试体育	Pearson Correlation	0.427**	1	0.360**	0.495**
	Sig.（2-tailed）	0.000		0.000	0.000
	N	573	573	573	573
27.擅长一些体育项目，会受到周围人尊敬	Pearson Correlation	0.323**	0.360**	1	0.358**
	Sig.（2-tailed）	0.000	0.000		0.000
	N	573	573	573	573
28.熟悉的人都关注体育活动	Pearson Correlation	0.225**	0.495**	0.358**	1
	Sig.（2-tailed）	0.000	0.000	0.000	
	N	573	573	573	573

**. Correlation is significant at the 0.01 level（2-tailed）.

根据表 6-51 相关矩阵，读取相关系数，依据式（6-1）计算相关指数：

$\overline{R_8^2}=(0.427^2+0.323^2+0.225^2)/3=0.11243$；

$\overline{R_{22}^2}=(0.427^2+0.360^2+0.495^2)/3=0.18565$；

$\overline{R_{27}^2}=(0.323^2+0.360^2+0.358^2)/3=0.12070$；

$\overline{R_{28}^2}=(0.225^2+0.495^2+0.358^2)/5=0.14127$。

通过比较 4 个解释变量的相关指数，并结合专业角度，"考高中时，需要考试体育"的相关指数最大，"体育活动是日常生活中不可缺少的组成部分"符合专业理论，因此，该组变量选择了二者作为代表变量。

青少年体育参与动力机制

（一）升学考试体育

调查显示，"考高中时，需要考试体育"因素，选择"完全同意"和"比较同意"的人数占总人数的 56.9%，"一般"的占 24.8%，"不同意"和"很不同意"的占 18.3%。

在年级差异方面，根据统计结果，对"考高中时，需要考试体育"能否影响参与体育活动，选择"完全同意"和"比较同意"的一年级学生有 69 人，二年级学生有 65 人，三年级学生有 192 人。通过单因素方差分析，如表 6-52 所示，差异具高度显著性（$F=187.534$，$P<0.01$）。又进一步通过多重比较，如表 6-53 所示，一年级学生和二年级学生，差异不具显著性（$P>0.05$），三年级学生和一、二年级学生，差异具高度显著性（$P<0.01$）。

表 6-52　单因素方差分析结果

22. 考高中时，需要考试体育

	Sum of Squares	df	Mean Square	F	Sig.
Between Groups	314.013	2	157.007	187.534	0.000
Within Groups	477.215	570	0.837		
Total	791.229	572			

表 6-53　多重比较结果

22. 考高中时，需要考试体育
LSD

（I）年级	（J）年级	Mean Difference (I-J)	Std. Error	Sig.	95% Confidence Interval	
					Lower Bound	Upper Bound
1	2	−0.052	0.095	0.586	−0.24	0.14
	3	1.519*	0.092	0.000	1.34	1.70
2	1	0.052	0.095	0.586	−0.14	0.24
	3	1.571*	0.094	0.000	1.39	1.75
3	1	−1.519*	0.092	0.000	−1.70	−1.34
	2	−1.571*	0.094	0.000	−1.75	−1.39

*. The mean difference is significant at the 0.05 level.

第六章 窘因：我国青少年体育参与动力的影响因素

说明体育纳入升学考试科目极大地影响了三年级学生参与体育活动，成为重要动力之一。但是需要注意的是，对一、二年级影响较小，说明目前三年级学生参与体育活动也是为了应试而参与体育活动，并非主动，学生一旦结束体育考试就结束体育活动的做法，并不能使青少年养成长期体育参与的习惯。

针对"考高中时，需要考试体育"和课余参加体育活动的相关性，如表6-54所示，从统计数字上看，相关不具显著性（$r=0.080$，$P>0.05$），但由于$P=0.055$，属于临界值，接近0.05，结合访谈，说明升学考试体育和课余参加体育活动具有正相关具显著性，即升学考试体育可以较好地促进青少年课余参加体育活动。

表6-54 "考高中时，需要考试体育"和课余参加体育活动的相关性

		14.参加体育活动（打球、跑步等）	22.考高中时，需要考试体育
14.参加体育活动（打球、跑步等）	Pearson Correlation	1	0.080
	Sig.（2-tailed）		0.055
	N	573	573
22.考高中时，需要考试体育	Pearson Correlation	0.080	1
	Sig.（2-tailed）	0.055	
	N	573	573

（二）体育生活化

调查显示，"体育活动是日常生活中不可缺少的组成部分"因素，选择"完全同意"和"比较同意"的人数占总人数的46.9%，"一般"的占26.2%，"不同意"和"很不同意"的占26.9%。针对"体育活动是日常生活中不可缺少的组成部分"和课余参加体育活动的相关性，如表6-55所示，相关具高度显著性（$r=0.182$，$P<0.01$）。说明体育生活化可以在很大程度上促进青少年参与体育活动，因此，要注意培养青少年的体育生活方式，让他们意识到体育是每天生活中必不可少的组成部分。

表 6-55 "体育活动是日常生活中不可缺少的组成部分"和课余参加体育活动的相关性

		14.参加体育活动（打球、跑步等）	8.体育活动是日常生活中不可缺少的组成部分
14.参加体育活动（打球、跑步等）	Pearson Correlation	1	0.182**
	Sig.（2-tailed）		0.000
	N	573	573
8.体育活动是日常生活中不可缺少的组成部分	Pearson Correlation	0.182**	1
	Sig.（2-tailed）	0.000	
	N	573	573

**. Correlation is significant at the 0.01 level（2-tailed）.

二、大众传媒因子

在 32 个解释变量中，大众传媒因子包括 4 个解释变量，分别是"电视、网络中的节目倡导大众参与体育活动"、"喜欢电视、网络中的体育节目"、"受体育明星的影响"和"电视、网络中的体育节目，能促使参与体育活动"。为了便于讨论，需要在 4 个解释变量中，选择典型指标或称代表变量。

通过比较 4 个解释变量的相关指数，并结合专业角度，"电视、网络中的节目倡导大众参与体育活动"的相关指数最大，"受体育明星的影响"符合专业理论，因此，该组变量选择了二者作为代表变量（表 6-56）。

表 6-56 大众传媒因子变量相关矩阵

		9.受体育明星的影响	30.电视、网络中的节目倡导大众参与体育活动	31.喜欢电视、网络中的体育节目	32.电视、网络中的体育节目能促使参与体育活动
9.受体育明星的影响	Pearson Correlation	1	0.579**	0.364**	0.354**
	Sig.（2-tailed）		0.000	0.000	0.000
	N	573	573	573	573

续表

		9.受体育明星的影响	30.电视、网络中的节目倡导大众参与体育活动	31.喜欢电视、网络中的体育节目	32.电视、网络中的体育节目能促使参与体育活动
30.电视、网络中的节目倡导大众参与体育活动	Pearson Correlation	0.579**	1	0.520**	0.461**
	Sig.（2-tailed）	0.000		0.000	0.000
	N	573	573	573	573
31.喜欢电视、网络中的体育节目	Pearson Correlation	0.364**	0.520**	1	0.344**
	Sig.（2-tailed）	0.000	0.000		0.000
	N	573	573	573	573
32.电视网络中体育节目，能促使参与体育活动	Pearson Correlation	0.354**	0.461**	0.344**	1
	Sig.（2-tailed）	0.000	0.000	0.000	
	N	573	573	573	573

**. Correlation is significant at the 0.01 level（2-tailed）.

根据表6-56相关矩阵，读取相关系数，依据式（6-1）计算相关指数：

$\overline{R^2_9}$=（$0.579^2+0.364^2+0.354^2$）/3=0.19768；

$\overline{R^2_{30}}$=（$0.579^2+0.520^2+0.461^2$）/3=0.27272；

$\overline{R^2_{31}}$=（$0.364^2+0.520^2+0.344^2$）/3=0.17374；

$\overline{R^2_{32}}$=（$0.354^2+0.461^2+0.344^2$）/3=0.15206。

（一）大众传媒的体育导向

调查显示，"电视、网络中的节目倡导大众参与体育活动"因素，选择"完全同意"和"比较同意"的人数占总人数的36.1%，"一般"的占42.2%，"不同意"和"很不同意"的占21.7%。

针对"电视、网络中的节目倡导大众参与体育活动"和课余参加体育活动的相关性，如表6-57所示，相关具高度显著性（$r=0.252$，$P<0.01$）。说明

青少年体育参与动力机制

大众媒体对大众参与体育活动的宣传可以在很大程度上促进青少年参与体育活动，因此，要注意引导大众媒体对体育报道的倾向，不仅仅只关注全球重大体育赛事和精英运动员的报道，更要注重宣传普通大众体育参与的新闻，普及大众体育参与的知识，从而引导青少年乃至全体国民主动、科学地参与体育活动。

表 6-57 "电视、网络中的节目倡导大众参与体育活动"和课余参加体育活动的相关性

		14.参加体育活动（打球、跑步等）	30.电视、网络中节目倡导大众参与体育活动
14.参加体育活动（打球、跑步等）	Pearson Correlation	1	0.252**
	Sig.（2-tailed）		0.000
	N	573	573
30.电视、网络中的节目倡导大众参与体育活动	Pearson Correlation	0.252**	1
	Sig.（2-tailed）	0.000	
	N	573	573

**. Correlation is significant at the 0.01 level（2-tailed）.

（二）崇拜体育明星

调查显示，"受体育明星的影响"因素，选择"完全同意"和"比较同意"的人数占总人数的 45.8%，"一般"的占 41.9%，"不同意"和"很不同意"的占 12.4%。在性别差异方面，根据统计结果，对"受体育明星的影响"能否影响参与体育活动，选择"完全同意"和"比较同意"的男生有 160 人，女生有 102 人。通过独立样本 t 检验，如表 6-58 所示，由于方差齐性值 $P > 0.05$，因此，两组方差齐性；t 检验应取 Equal variances assumed 行的值，差异具高度显著性（$P < 0.01$）。说明男生比女生参与体育活动更容易受到体育明星的影响，这和男生本身更喜欢体育，也会更关注体育比赛，了解更多喜爱的体育明星有很大关系。

第六章 窘因：我国青少年体育参与动力的影响因素

表 6-58 t 检验结果

		Levene's Test for Equality of Variances		t-test for Equality of Means		
		F	Sig.	t	df	Sig.（2-tailed）
9.受体育明星的影响	Equal variances assumed	0.377	0.539	−5.362	571	0.000
	Equal variances not assumed			−5.324	540.133	0.000

针对"受体育明星的影响"和课余参加体育活动的相关性，如表 6-59 所示，相关具高度显著性（$r=0.339$，$P<0.01$）。说明崇拜、模仿体育明星可以在很大程度上促进青少年参与体育活动，因此，要注意对体育明星的宣传报道，从而激起青少年体育参与的模仿欲和兴趣，让他们在体育明星的感染下，主动参与体育活动。

表 6-59 "受体育明星的影响"和课余参加体育活动的相关性

		14.参加体育活动（打球、跑步等）	9.受体育明星的影响
14.参加体育活动（打球、跑步等）	Pearson Correlation	1	0.339**
	Sig.（2-tailed）		0.000
	N	573	573
9.受体育明星的影响	Pearson Correlation	0.339**	1
	Sig.（2-tailed）	0.000	
	N	573	573

**. Correlation is significant at the 0.01 level（2-tailed）.

三、同伴影响因子

在32个解释变量中，同伴影响因子包括3个解释变量，分别是"别人赞赏我参与体育活动"、"受体育好的同学的榜样影响"和"伙伴们带动我参与体育活动"。为了便于讨论，需要在3个解释变量中，选择典型指标或称代表变量，如表6-60所示。

表6-60　同伴影响因子变量相关矩阵

		10.受体育好的同学榜样影响	11.别人赞赏我参与体育活动	13.伙伴们带动我参与体育活动
10.受体育好的同学榜样影响	Pearson Correlation	1	0.504**	0.474**
	Sig.（2-tailed）		0.000	0.000
	N	573	573	573
11.别人赞赏我参与体育活动	Pearson Correlation	0.504**	1	0.298**
	Sig.（2-tailed）	0.000		0.000
	N	573	573	573
13.伙伴们带动我参与体育活动	Pearson Correlation	0.474**	0.298**	1
	Sig.（2-tailed）	0.000	0.000	
	N	573	573	573

**. Correlation is significant at the 0.01 level（2-tailed）.

根据表6-60相关矩阵，读取相关系数，依据式（6-1）计算相关指数：

$\overline{R_{10}^2}$=（0.504^2+0.474^2）/2=0.23935；

$\overline{R_{11}^2}$=（0.504^2+0.298^2）/2=0.17141；

$\overline{R_{13}^2}$=（0.474^2+0.298^2）/2=0.15674。

通过比较3个解释变量的相关指数，并结合专业角度，"受体育好的同学的榜样影响"的相关指数最大，"伙伴们带动我参与体育活动"符合专业理论，因此，该组变量选择了二者作为代表变量。

第六章 窘因：我国青少年体育参与动力的影响因素

（一）他人榜样影响

调查显示，"受体育好的同学的榜样影响"因素，选择"完全同意"和"比较同意"的人数占总人数的 50.1%，"一般"的占 34%，"不同意"和"很不同意"的占 15.9%。在性别差异方面，根据统计结果，对"受体育好的同学的榜样影响"能否影响参与体育活动，选择"完全同意"和"比较同意"的男生有 162 人，女生有 125 人。通过独立样本 t 检验，如表 6-61 所示，由于方差齐性值 $P>0.05$，因此两组方差齐性；t 检验应取 Equal variances assumed 行的值，差异具显著性（$P<0.05$）。说明参与体育活动，男生比女生更易受体育好的同学的榜样影响，男生更爱参加体育活动，容易和体育好的同学经常交流。因此，要促进女生多参与体育活动，多和同学们通过体育进行交流。

表 6-61　t 检验结果

		Levene's Test for Equality of Variances		t-test for Equality of Means		
		F	Sig.	t	df	Sig.（2-tailed）
10. 受体育好的同学榜样影响	Equal variances assumed	1.838	0.176	−2.190	571	0.029
	Equal variances not assumed			−2.196	568.833	0.028

针对"受体育好的同学的榜样影响"和课余参加体育活动的相关性，如表 6-62 所示，相关不具显著性（$r=0.026$，$P>0.05$）。说明受体育好的同学的榜样影响和课余参加体育活动正相关不具显著性，他人榜样影响可以促进青少年参与体育活动，但并没有非常明显。

表 6-62 "受体育好的同学的榜样影响"和课余参加体育活动的相关性

		14.参加体育活动（打球、跑步等）	10.受体育好的同学的榜样影响
14.参加体育活动（打球、跑步等）	Pearson Correlation	1	0.026
	Sig.（2-tailed）		0.529
	N	573	573
10.受体育好的同学的榜样影响	Pearson Correlation	0.026	1
	Sig.（2-tailed）	0.529	
	N	573	573

（二）同伴带动

调查显示，"伙伴们带动我参与体育活动"因素，选择"完全同意"和"比较同意"的人数占总人数的 45.7%，"一般"的占 31.1%，"不同意"和"很不同意"的占 23.2%。在性别差异方面，根据统计结果，对"伙伴们带动我参与体育活动"能否影响参与体育活动，选择"完全同意"和"比较同意"的男生有 163 人，女生有 99 人。通过独立样本 t 检验，如表 6-63 所示，由于方差齐性值 $P > 0.05$，因此，两组方差齐性；t 检验应取 Equal variances assumed 行的值，差异具高度显著性（$P < 0.01$）。说明参与体育运动，男生比女生更多和伙伴们共同参与其中。因此，要引导女生和伙伴们共同参与体育活动。

表 6-63 t 检验结果

		Levene's Test for Equality of Variances		t-test for Equality of Means		
		F	Sig.	t	df	Sig.（2-tailed）
13.伙伴们带动我参与体育活动	Equal variances assumed	1.792	0.181	−3.622	571	0.000
	Equal variances not assumed			−3.621	563.920	0.000

第六章 窘因：我国青少年体育参与动力的影响因素

针对"伙伴们带动我参与体育活动"和课余参加体育活动的相关性，如表6-64所示，相关具高度显著性（$r=0.265$，$P<0.01$）。说明同伴带动和他人榜样影响不同，可以在很大程度上促进青少年参与体育活动，因为他人榜样影响是外在的，并不一定能和体育榜样共同参与，而同伴带动是共同参与，体育中的交往互动更能亲身感悟。因此，要注意培养青少年体育参与的伙伴关系，让他们在伙伴的带动下，互相促进，共同坚持参与体育活动。

表6-64 "伙伴们带动我参与体育活动"和课余参加体育活动的相关性

		14.参加体育活动（打球、跑步等）	13.伙伴们带动我参与体育活动
14.参加体育活动（打球、跑步等）	Pearson Correlation	1	0.265**
	Sig.（2-tailed）		0.000
	N	573	573
13.伙伴们带动我参与体育活动	Pearson Correlation	0.265**	1
	Sig.（2-tailed）	0.000	
	N	573	573

**. Correlation is significant at the 0.01 level（2-tailed）.

第六节 小结

本部分通过对问卷调查数据的统计分析，力争找出影响青少年体育参与的主要因素。经过第一轮施测，通过被试筛选、条目筛选过程，确定了最终施测的问卷，随之是选择调查对象和科学的抽取样本，通过对数据的因子分析，依据因子对应的各项目的含义，将这10个公因子分别命名为：自身运动基础因子、大众传媒因子、家庭体育观因子、体育的社会地位因子、家长体育习惯因子、同伴影响因子、体育功能观因子、体育教师因子、体育设施及时间保障因子、体育课内外融合因子，是影响我国青少年体育参与的主要因素，根据生物

青少年体育参与动力机制

人成长为社会人的环境影响理论，上述十大公因子可以归为个人因素、家庭因素、学校因素和社会因素，之后又对四大类及下属的十大公因子进行了典型变量的确定和讨论。

个人因素层面，体育功能观因子所包含的体育可以强身健体，也具有促进人全面发展的功能，要培养青少年尤其是女生正确的体育功能观，有效地促进青少年体育参与。自身运动基础因子所包含的体育参与的兴趣变量，要注意培养青少年体育参与的兴趣，让他们在兴趣的诱引下，主动体育参与。培养青少年尤其是女生及城市学生的意志力，使其在体育参与中能够克服困难，坚持下去，同时体育也是培养青少年意志力的较好方式，二者相辅相成。

家庭因素层面，家长应树立正确的体育观，支持青少年尤其女孩体育参与活动，城市家长应给孩子减负，留足课余时间，让他们有时间和精力体育参与活动。培养家长尤其是母亲的体育习惯。

学校因素层面，体育教师因子所包含的认可体育教师变量，要注重体育老师的综合素质培养，突出亲和力，促进青少年主动体育参与。体育教师的组织能力变量也很重要，体育教师要擅于发挥自身特长，因地制宜，组织学生参与其中；体育课内外融合因子所包含的体育课内容变量，体育课内容丰富，能学到很多运动项目的技术技能，更能促进体育参与活动。掌握一些运动项目的技术技能，具有良好的运动基础是体育参与活动的重要条件，而这种运动基础的获得主要通过学校体育课的平台和体育教师的传授。要改进女生上体育课的状况，帮助她们正确认识和学习运动技术技能。在和课余参加体育活动的相关性，表现为体育课内容丰富，可以在很大程度上促进青少年体育参与，因此，要注意学校体育课的质量，多传授一些运动项目的技术技能，让学生有满足感和学习欲，通过学习技术技能来逐渐培养意志力和兴趣，让他们在兴趣、意志力和技术技能习得互相融合中参与体育活动。课外体育活动可以在很大程度上促进青少年体育参与活动。体育设施及时间保障因子所包含的体育活动时间变量，要加强女生在课余多参加体育活动，给城市学生减负，让他们拥有多一点的课余时间，进而引导他们在课余时间体育参与活动，给青少年留足课余时间，让他们有时间能根据自己的兴趣，选择自己喜欢参与的体育活动。体育活

第六章 窘因：我国青少年体育参与动力的影响因素

动设施因子，要加强农村的村落体育设施建设及体育课相应体育活动的设施，可以保证正常的教学，学到一些运动项目的技术技能，从而促进学生课余体育参与活动。

社会因素层面，体育的社会地位因子所包含的升学考试体育变量，升学考试体育可以较好地促进青少年课余参加体育活动，培养青少年的体育生活方式，让他们意识到体育是每天生活中的必不可少的组成部分。大众传媒因子所包含的大众传媒的体育导向变量，大众媒体对大众参与体育活动的宣传可以在很大程度上促进青少年体育参与活动，因此，要注意引导大众媒体对体育报道的倾向，不仅仅关注全球重大体育赛事和精英运动员的报道，更要注重宣传普通大众体育参与活动的新闻，普及大众体育参与活动的知识，从而引导青少年乃至全体国民主动、科学地体育参与。崇拜体育明星变量，崇拜、模仿体育明星可以在很大程度上促进青少年体育参与活动，因此，要注意对体育明星的宣传报道，从而激起青少年体育参与的模仿欲和兴趣，让他们在体育明星的感染下，主动体育参与活动。同伴影响因子所包含的他人榜样影响变量，要促进女生多参与体育活动，多和同学们通过体育进行交流，他人榜样影响可以促进青少年参与体育活动，但并没有非常明显。同伴带动变量，要引导女生和伙伴们共同参与体育活动，同伴带动和他人榜样影响不同，可以在很大程度上促进青少年参与体育活动，因为他人榜样影响是外在的，并不一定能和体育榜样共同参与，而同伴带动是共同参与，体育中的交往互动更能亲身感悟。因此，要注意培养青少年体育参与的伙伴关系，让他们在伙伴的带动下，互相促进，共同坚持参与体育活动。

第七章　胜景：我国青少年体育参与动力机制建构

促进青少年体育参与，养成良好的体育习惯，进而融入生活方式，需要有青少年体育参与运行机制的良性运行来保障，在这个过程中动力机制是运行机制的关键环节，因为从事物发展规律来看，只有当它有适度动力的时候，才能有稳定、可持续的发展。动力有3种类型：动力不足、动力过度和适度动力。三者的分界点就是一个字"度"，适度动力也是相对前两者而言的。如果一个事物发展的动力不足，就会难以启动，难有量变，更别提质变，先前的发展也会减缓，甚至停滞倒退，而如果动力过度，超过人们对其掌控的能力，那么就会出现超前跨越性发展，违背正常的发展规律，造成该事物本身出现震荡，和周边有联系事物的矛盾和冲突加剧，最终导致该事物因过度发展而物极必反。在青少年体育参与的动力问题上，也应该警惕动力过度和动力不足，力争提供适度动力，而动力机制运行的目的就是提供适度动力。因此，构建青少年体育参与动力机制对于促进青少年体育参与意义重大。

根据郑杭生的社会运行动力机制理论，动力机制包括动力结构和动力运作过程手段，人的需要是动力源，动力结构包括外围结构和内核结构。外围结构包括动力主体、动力受体、动力传导媒介，内核结构包括动力源、动力方向、动力贮存体和动力行动。动力运作过程手段包括动力源开发、动力转化、动力培育、动力分配和动力监控反馈5个环节。

但是理论的嫁接需要根据新事物的自身发展特征，根据人体育参与的实际情况，对上述动力机制理论进行修补改造，以更好地阐释青少年体育参与的动力。青少年体育参与动力机制主要包括动力机制结构、功能和运作过程手段。动力机制结构即 3 个层次的动力主体和以利益传导，建立合乎青少年内在体育需要的利益导向；文化传导，通过社会化和内化，改变青少年个体需要结构；信息传导，传导形式为主要传导媒介的动力传导媒介。动力机制功能即为青少年体育参与提供适度动力。动力机制运作过程手段主要包括动力源开发，即开发 3 个层次动力主体的合理需要；动力转化，即潜在形态转化为现实动力和体育行为；动力监控反馈。

第一节 青少年体育参与动力的"需要—满足"特性

一、需要的相关概念

一般而言，就人类社会来说，需要是个人、社会集团和整个社会对于维持和发展其自身活动的条件的各种要求的总和。所谓满足需要的程度是指满足这种需要所达到的范围和水平。人类所提出的需要并不是主观随意的，而是有一定的客观确定性，因此，满足的程度也不是主观随意的，而是有一定确定性，可以度量[①]。人类有多方面的需要，有自然需要和社会需要、客观需要和主观需要，满足需要的程度是相对的，而非绝对的。

二、需要必须满足的原因

为什么马克思主义理论家把需要作为社会运行的核心，把满足需要作为社会动力的根本，进而把是否满足需要作为衡量社会运行状态的优劣？一是因为人是社会存在和运行的主体，社会的发展是靠人在推动的，同时人也有可能

---

① 郑杭生，李强，等. 社会运行导论：有中国特色的社会学基本理论的一种探索 [M]. 北京：中国人民大学出版社，1993：51.

成为阻碍社会正常运行的因素,也即人对社会的发展具有决定性的意义。站在这个角度,人的状态是社会运行状态的必然力量,而人的需要的满足程度直接决定着人的状态。二是站在美学的角度来说,一个事物是否美,关键不在于事物本身,而在于其是否成为审美对象,成为审美对象的前提是有审美主体——人,同时在人与审美对象之间发生审美关系,否则该事物谈不上美或者不美。那么,社会作为客观事物,如果不与人发生联系,就无所谓良性、恶性或中性之分,因此,衡量社会运行状态就必须与人对社会的要求相联系,看其运行结果是否满足了人的需要,满足需要的程度就成为客观社会运行状态和主观人的需要是否匹配的关键。三是满足需要是针对人的,同时扮演着手段和目的双重统一的角色。

三、需要满足程度的测量

一是满足需要的程度是合力作用的结果,青少年体育需要可分为个体、群体和社会的需要3个方面,三者之间的需要有一致的方面,也有不一致的方面,应找到三者不同需要的交叉结合点。马克思曾指出,"最终的结果总是从许多单个的意志的相互冲突中产生出来的",认为历史的创造是合力作用的结果。青少年体育参与状态如何,也必须考虑到社会上多方面动力主体,如家庭、学校、国家等集团的需要被满足。二是基本需要、目标需要和实现需要之间的关系决定满足需要的程度。青少年对体育的基本需要就是特定历史时期和社会条件下,青少年满足自身体育需要的最基础的要求,对体育的目标需要超出基本需要,也是推动青少年体育参与的动力,对体育的实现需要是已经得到满足的需要,它应该超越基本需要,否则就使得青少年中断体育参与,应该接近目标需要才会满足程度较高。

四、青少年体育参与需要的满足程度与青少年体育状况

根据马克思的需要理论,青少年体育参与的动力就是青少年的体育需要,至于为什么体育需要可以推动青少年参与体育活动之中,不仅仅取决于需要自

第七章 胜景：我国青少年体育参与动力机制建构

身的特性，也还取决于它的内在属性。需要有丰富的内涵，就基本方面而言，有服务生存和满足发展的需要；有客观和主观需要；按照动力主体层次来分，有青少年个人需要、家庭和学校的群体需要、社会与国家需要。

体育需要的自身特性和内在属性有以下两个方面：一是体育需要与满足这种需要，两者之间不可分割，融为一体。青少年有了某种体育需要，且不说其程度强弱，也不论有没有可能满足，这种需要本身都有去追寻满足物的冲动，有要求满足的趋势。为什么有这种特性呢？因为既然有了某种体育需要，就说明青少年在这些方面处于匮乏或隐形匮乏状态，身的"需要—满足"系统是不平衡的，为了恢复系统的平衡就要去探寻满足物来弥补匮乏，满足这种体育需要。不论是动力主体的哪个层次，个体、群体抑或是国家政府也好，都是在匮乏的体育需要推动下去追寻满足物以解决匮乏带来的失衡，并围绕这个原则，拟定体育计划来进行体育活动。因此，"需要—满足"这种不可分割，融为一体的特性，决定着体育需要本身必然促使青少年体育参与，成为各层次主体的内在动力。二是体育需要之所以会成为体育参与的动力，还因为它不会永远被满足，能在满足后又产生新的体育需要，继续推动探寻新的体育需要满足物。如果体育需要一次满足后就结束了，那么体育参与的动力也就消失了，体育参与也就中断。为什么体育需要不会被永久的一次性满足呢？马克思曾指出，"人以其需要的无限性和广泛性区别于其他一切动物"[①]，以及"已经得到满足的第一个需要本身、满足需要的活动和已经获得的为满足需要而用的工具又引起新的需要，而这种新的需要的产生是第一个历史活动"[②]。需要的这种自身发展性质即"需要螺旋上升规律"，它不断从低级向高级发展。需要的这种无限性、广泛性和螺旋上升规律使其不可终极满足，使它成为动力之源。

[①] 中共中央马克思恩格斯列宁斯大林著作编译局. 马克思恩格斯全集（第49卷）[M]. 2版. 北京：人民出版社，1995：130.

[②] 中共中央马克思恩格斯列宁斯大林著作编译局. 马克思恩格斯全集（第1卷）[M]. 2版. 北京：人民出版社，1995：79.

通过附录 A 中访谈可知,青少年天生都有体育参与的需要,有的需要经过正常的发展、转化,变成体育行动,进而满足他们的原始体育需要,这些青少年就经常参与体育活动,养成了良好的体育习惯,身体、精神均处在比较积极健康的状态;有的虽然有原始需要,但是在成长过程中,有的受制于家长的管制,有的受制于伤病的恐惧,有的受制于班主任的约束,有的受制于小伙伴的缺乏等原因,导致需要被扼制在萌芽状态中,从想体育参与活动到被限制消极再到不想参与,最终导致平时几乎没有参与过体育活动,更别提养成体育习惯。因此,青少年体育需要的满足直接决定着体育参与的状况,应力争满足他们的体育需要,但同时还需要注意的是,无论是体育需要本身的产生与发展,还是由动力源转化为现实体育行动的过程,都是在特定的社会环境中完成的。作为体育参与动力源的体育需要,除了具备上述特性外,还受到青少年体育目标、体育体制、人才选拔制度、社会文化等社会环境条件的影响,应根据青少年体育目标来调整人们体育需要的结构,使之朝着促进青少年向着体育参与的方向发展。

第二节　青少年体育参与动力机制结构

根据结构功能主义理论,任何一个事物都是由要素、结构、功能组成的,要素以结构的形式存在,功能在结构的基础上体现,没有结构,要素单一零散,无法整合从而体现功能,而功能离开了结构也无从谈起。因此,结构作为协调衔接的桥梁作用显得尤为重要。体育需要是青少年体育参与的动力之源,3个不同层次主体的体育需要分别推动着 3 个层次的主体体育参与,从而满足各自的需要。在这 3 个需要满足的过程中,形成了复杂的体育参与动力系统,也即青少年体育参与动力机制结构,如图 7-1 所示。

第七章 胜景：我国青少年体育参与动力机制建构

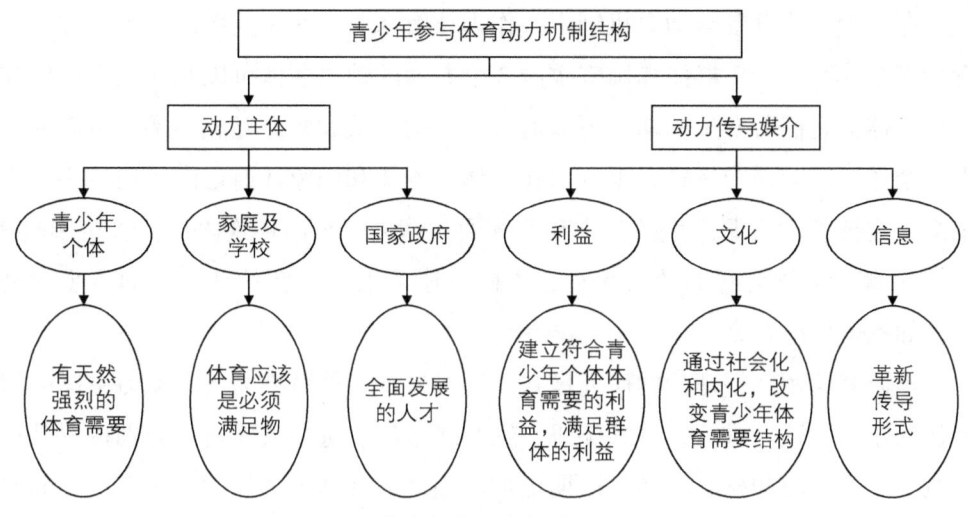

图 7-1　青少年体育参与动力机制结构

一、动力主体

动力主体作为动力机制结构中外围结构中的重要组成部分，与需要主体有 3 个层次一样，动力主体也有 3 个层次，他们是个体行动者（微观层次），群体、集团（中观层次），国家政府（宏观层次）[1]。在青少年体育参与动力机制中，作为体育参与的动力主体，也可以从微观、中观、宏观 3 个层次分为青少年个体、青少年群体和国家政府 3 个方面的动力主体。动力主体既指动力发生主体，又指动力利用主体。需要主体受需要的驱使，去追求并获得需要满足物，这就产生了动力发生主体。主体的动力是可以利用的，由谁来利用它，获得何种需要满足物，这又关系到利用主体的问题。动力发生主体与动力利用主体并非总是统一的，也就是说，动力主体既可能是发生主体，又可能是自身的利用主体。不过，高层次的动力主体总是低层次动力主体的利用主体，如社会、集体对个人就是这样[2]。

---

[1]　郑杭生.社会学概论新修[M].3 版.北京：中国人民大学出版社，2003：39.
[2]　郑杭生，李强，等.社会运行导论：有中国特色的社会学基本理论的一种探索[M].北京：中国人民大学出版社，1993：366-367.

青少年体育参与动力机制

在青少年体育参与动力机制中，作为体育参与的3个层次的动力主体——青少年个体、青少年群体和国家政府3个方面的动力主体可以互为发生主体和利用主体，它们所发生的动力可以通过一定的方式和媒介互相传递，可以在青少年个体层次间横向进行，也可以在个体、群体和国家政府之间纵向传递，源于某种需要的动力源产生的基本动力，通过横向、纵向传递之后，直接影响3个层次动力主体自身的动力大小、方向，还可以产生新的动力，即再生性动力，如竞争型动力等。

本研究运用扎根理论的研究模式，针对青少年体育参与3个动力主体的深度访谈结果，逐一进行开放式编码、轴心式编码、选择式编码，分别探寻其初始范畴、主范畴和核心范畴，以期更加严谨地展现动力主体的真实情况，同时和本研究第六章中针对问卷调查并进行数理统计分析后的结果进行双向验证，进一步提高研究结果的科学性。

（一）青少年个体（微观层次）

在青少年体育参与3个层次的动力主体中，青少年个体是最为关键的动力主体。如何才能较好的体育参与，青少年本人起着至关重要的作用。依据马克思主义经典作家们认为人的需要是社会动力之根本的理论，青少年体育参与的动力是一个复杂的系统，青少年本身的各种复杂需要是最基本的原动力，体育参与的动力源于青少年的体育需要。当前我国青少年体质健康状况不容乐观，部分身体素质持续下滑，已经引起党和国家的高度重视，纵然青少年体质健康状况欠佳的原因很多，如营养方面的、静态生活方式的等，但是青少年体育参与不足无疑是最重要也是最直接的原因。那么，青少年个人对体育参与其中的各种复杂需要，如健康、健身、健美、休闲、娱乐、游戏天性、同伴交际等是他们体育参与最基本的原动力，也是动力的源泉。从这个意义上说，无论怎样强调青少年个体在青少年体育参与动力主体中的核心地位都不为过。按照扎根理论的研究要求针对青少年个体展开研究，受访对象基本信息如表7-1所示。

第七章 胜景：我国青少年体育参与动力机制建构

表 7-1 受访对象基本信息

序号	姓名	性别	身份
IO-1	体育参与较好学生	男	农村学生
IO-2	体育参与较好学生	女	农村学生
IO-3	体育参与较好学生	男	农村学生
IO-4	体育参与较好学生	女	城市学生
IO-5	体育参与较好学生	男	城市学生
IO-6	体育参与较好学生	男	城市学生
IO-7	体育参与较差学生	女	农村学生
IO-8	体育参与较差学生	男	农村学生
IO-9	体育参与较差学生	男	农村学生
IO-10	体育参与较差学生	女	城市学生
IO-11	体育参与较差学生	男	城市学生
IO-12	体育参与较差学生	男	城市学生

扎根理论分析资料的过程中，编码分析是关键一步，它对个体的、零散的基础资料按照一定原则分门别类地进行分析，有利于更精确地发现资料之间的模式、编码与概念之间的关联。编码分析分为3个层级，层层递进，分别是开放式编码（Open Coding）、轴心式编码（Axial Coding）和选择式编码（Selective Coding）。

第一，选择城市、农村体育参与较好学生。

首先，进行开放式编码。开放式编码的目的在于赋予概念、发现范畴，即聚敛原始资料，并将其按照一定原则重新组合。在开放式编码阶段，研究者完全摒弃个人主观臆想、生活经验和现有相关的研究成果，完全服从于客观资料本身，将访谈录音转译成文本，从中筛选出与研究主题相关的有效信息，通过进一步分析概括，对其进行概念化，形成同一范畴内的概念集，随后对概念集抽象命名形成范畴化，最终提取出初始范畴。通过对原始资料进行开放式

青少年体育参与动力机制

编码,共提取出 7 个初始范畴,分别是:①游戏天性;②强身健体;③老师态度;④升学考试体育;⑤家长态度;⑥兴趣爱好;⑦自身体育参与,如表 7-2 所示。

表 7-2 城市、农村体育参与较好学生开放式编码

编码	原始资料	概念化	初始范畴
OC-1	我现在上初二,小学时有体育习惯,天天都和小朋友一起,在操场里跑步、踢毽子、游戏、跳绳、足球等。(IO-1) 初中爱玩,我喜欢动,主要是踢球、打球,我几乎每天放学都要在学校玩一会,有时长,有时短,一般都是几十分钟吧,不到一个小时。(IO-2) 小学时没有参与过体育活动,也没有体育习惯,只是好玩,天天都是在地里撑着跑、过山羊、拔河、比爬树等。(IO-4) 初中爱玩,不过现在不玩爬树那些了,主要是打球,平时中午来学校了没事就玩一会,四五十分钟吧。(IO-6)	小时候好玩,喜爱运动	游戏天性
OC-2	主要就是锻炼身体,体育活动很有意思。(IO-3) 主要就是可以锻炼身体,不生病吧,有病了多难受,还有我就是喜欢体育活动,玩也没人管,很高兴。(IO-4)	锻炼身体,避免生病	强身健体
OC-4	现在考高中需要考体育,开始锻炼了,不过考试练的那些没意思,也没办法,老师要求练习的,我一般都是趁周末去打打球。(IO-2) 我本身就好玩,现在考高中需要考体育,那更得多参与,三年级马上开始练了,不过很多我想玩的都没时间玩了,在学校班主任、体育老师天天就让你练那几项,50 米、实心球还有立定跳远,没啥意思,不过我还是偷偷地溜进里面的馆去打球或者游泳。(IO-6)	学校强制练习中考体育项目	升学考试体育

第七章　胜景：我国青少年体育参与动力机制建构

续表

编码	原始资料	概念化	初始范畴
OC-5	他们没说过，天天忙着干活，有时也喊着我干活，我说打球可以锻炼身体，出去玩会，他们就说打球也是累，在家干活也可以锻炼身体。有时也说别玩时间长了耽误学习。（IO-1） 他们一般不管我，还给我买衣服、球，有时还非要喊着我一起练拳、打球，我不想冬天起那么早。不过有时我玩得时间长了，他们也说我不要耽误学习，有时放学回家让我先写作业，写完了随便去玩。（IO-5）	家长态度支持或中立	家长态度
OC-6	学习不好，没啥意思，玩吧、打球吧，我觉得也是当时怪有意思，想想对以后也没啥帮助。（IO-1） 想进步那肯定得学习好吧，考得分高，将来考上重点高中，别的也没啥。（IO-4） 只有好好学习，认真听讲，多做题，我觉得体育跟我进步没啥关系，我只是好玩，和小朋友一块进行体育活动比较高兴，没约束。（IO-5）	同伴体育关系密切	兴趣爱好
OC-7	小学时没人玩，也不会玩，不知道玩啥，初中时看人家都玩，也有老师教一些，我就开始玩，感觉很有意思。（IO-1） 我从小就爱动，喜欢跑着玩，还有我家邻居跟我差不多大的小孩都喜欢玩，他们经常跑到我家找我一起玩。（IO-5）	自己对体育的重视	自身体育参与

为了把握研究方向，为下一步编码做铺垫，统计了6位受访者提及的7个初始范畴的次数，提及次数越多表示该范畴越重要。其中，"游戏天性"出现20次、"强身健体"出现18次、"老师态度"出现15次、"升学考试体育"出现12次、"家长态度"出现17次、"兴趣爱好"出现16次、"自身体育参与"出现18次。上述7个初始范畴出现次数及权重如表7-3所示。

表 7-3 初始范畴权重排序

编码	初始范畴	频次	权重	排序
OC-1	游戏天性	20	17.24%	1
OC-2	强身健体	18	15.52%	2
OC-3	老师态度	15	12.93%	5
OC-4	升学考试体育	12	10.34%	6
OC-5	家长态度	17	14.66%	3
OC-6	兴趣爱好	16	13.79%	4
OC-7	自身体育参与	18	15.52%	2

其次,进行轴心式编码。轴心式编码是发现和建立各种概念和类属之间的各种联系,以表现各种资料中的有机关联。轴心式编码既可以对原始资料进行重新归类,也可以基于开放式编码寻找更具分析性的范畴,对原始资料进行重新归类的情况较少,大多是在完成开放式编码的基础上,从已有范畴中提取对研究主题产生重要价值或最能体现研究核心内容的范畴,然后回归原始资料,检验范畴提取过程是否严密。

因此,基于开放式编码所提取出的 7 个初始范畴,进一步对其范畴化,对于关联不够紧密的范畴予以合并或剔除,对于多次出现的范畴加以提炼,最终提取出 4 个主范畴,分别是:①青少年;②体育教师;③学生家长;④国家政策。上述 4 个主范畴及编码过程如表 7-4 所示。

表 7-4 轴心式编码

编码	初始范畴	范畴化	主范畴
AC-1	游戏天性 强身健体 兴趣爱好 自身体育参与	青少年体育习惯 青少年锻炼身体 青少年自身对体育的兴趣 青少年体育参与状况	青少年
AC-2	老师态度	体育教师对青少年参与体育活动态度	体育教师

第七章 胜景：我国青少年体育参与动力机制建构

续表

编码	初始范畴	范畴化	主范畴
AC-3	家长态度	家长对青少年参与体育活动态度	学生家长
AC-4	升学考试体育	中考加试体育	国家政策

为了明晰研究重点，统计了4个主范畴的出现次数，其中，"青少年"出现72次、"体育教师"出现15次、"学生家长"出现17次，"国家政策"出现12次。上述4个主范畴出现次数及权重如表7-5所示。

表7-5 主范畴权重排序

编码	主范畴	频次	权重	排序
AC-1	青少年	72	62.07%	1
AC-2	体育教师	15	12.93%	3
AC-3	学生家长	17	14.66%	2
AC-4	国家政策	12	10.34%	4

最后，完成选择式编码。选择式编码的目的在于进一步系统处理范畴之间的关联，整合主范畴的内在逻辑，以故事线的方式将各种相关联的范畴归纳到理论模型中，找出核心范畴。核心范畴代表的是最核心的观点和现象，既可能是对文本分析后提取的新概念，也可能存在于其他范畴之中，但核心范畴必须与出现次数最多的范畴有必要的联系，经过不断整合，最终形成。

为了系统地处理范畴之间的关系，本研究通过构建"故事线"的方式将主范畴串联成有意义的"系列故事"：经过归纳，对"游戏天性""家长态度""升学考试体育"等7个范畴继续提炼，分别得到"青少年""体育教师""学生家长""国家政策"4个主范畴。随后以"青少年"作为其他主范畴的核心，形成以核心范畴为中心的影响因素分析框架，为本研究理论模型的构建提供了基本方向与框架内容，如表7-6所示。

表 7-6　影响因素主轴与选择编码过程

核心范畴	主范畴	范畴
青少年	青少年	游戏天性
		强身健体
		兴趣爱好
		自身体育参与
	体育教师	体育教师态度
	学生家长	家长态度
	国家政策	升学考试体育

第二，选择城市、农村体育参与较差的学生重复进行上述研究。

首先，进行开放式编码，如表 7-7 所示。

表 7-7　城市、农村体育参与较差开放式编码

编码	原始资料	概念化	初始范畴
OC-1	我现在上初二，小学时没有体育习惯。初中也不是很喜欢玩，没活动过。（IO-8） 我现在上初三，小学时没有体育习惯，也不知道玩啥。初中也不是很喜欢玩，不喜欢没事来回跑，基本不活动，偶尔一次吧。（IO-10）	小时候不喜爱运动	游戏天性
OC-2	小时候好玩，但是后来摔着了，家里人就不让玩了，我也有点害怕。现在我爸妈都在外地打工，家里也没人，放学了有些活还得帮助我奶奶干。（IO-7） 其实我从小也爱动，想玩，但是我家就我自己，后来我爸妈都比较忙，不经常在家，没人带着玩。（IO-10） 附近的小朋友我也不认识，小区里也没看到有人在玩什么，所以就一个人也没什么意思，现在慢慢也不玩了，不想动。（IO-11）	天生爱好运动，家长没起到引导作用	家庭因素

续表

编码	原始资料	概念化	初始范畴
OC-3	学校有体育课，做操，不过也没人管，没啥意思。有时就让我们跑步，热得要死，还累。（IO-7） 班主任不愿意让我们出去活动，他就站在门口守着，有时课外活动看见有班里人在下面操场活动，他就站在二楼往下喊着回班里。体育课有时让上，有时也喊着回来。（IO-8） 学校反正有体育课，下午课间有时也会用大喇叭把我们喊到操场里做操。体育老师也不太管，他们上体育课就是把我们召集到一起，让班长领个球，拿个绳给男生，拿个象棋、跳棋给女生，也不领着我们玩，课间做操时，他也就在那里站着没啥事，但是他不管我们玩。（IO-10） 我们班主任不行，他都不让学生出去玩，有时体育课一解散，他就把我们都喊到班里做题了。（IO-12）	老师对体育不重视	老师态度
OC-4	我也想多考点分，不过练起来实在是难受，脏、累、热，弄一身汗，没一点意思，考完我是再也不练了。（IO-8） 都想拿分吧，不过练起来真痛苦，没一点意思，考完我是再也不练了。（IO-10）	学校强制练习中考体育项目	升学考试体育
C-5	他们在外打工，都不在家，农忙时偶尔回来一次，就是问问我考多少分，体育从来没问过。（IO-7） 他们平时基本不在家，一般不管我，一回到家就是检查作业，问我学习的事情，也不让出去玩，说是怕摔着磕着，玩那些也没啥用，还耽误时间。（IO-11） 周末放假了偶尔喊我出去活动，我都不喜欢那些东西，练拳什么的，也给我买一些拍子、衣服，我一点不喜欢。倒是给我买个钢琴，让我学，我也是一点没兴趣。（IO-12）	家长对体育不重视	家长态度
OC-6	进步不就是学习好啊，我学习也不是很好，感觉不知道天天干啥，干啥都没劲，想想学习也没啥用，体育更没用。（IO-7） 我想考高分，好好学习吧，将来考上重点高中，别的也没啥。那就只有听老师和爸妈的，体育我觉得跟我进步没啥关系。（IO-11）	通过好好学习满足进步需要	进步需要
OC-7	没啥用吧，练练会有劲。（IO-8） 没啥看法吧，可以锻炼身体，也没别的啥用。（IO-12）	自身对体育不重视	自身态度

青少年体育参与动力机制

为了把握研究方向，为下一步编码做铺垫，统计了6位受访者提及的7个初始范畴的次数，提及次数越多表示该范畴越重要。其中，"游戏天性"出现17次、"家庭因素"出现16次、"老师态度"出现13次、"升学考试体育"出现18次、"家长态度"出现15次、"进步需要"出现19次、"自身态度"出现15次。上述7个初始范畴出现次数及权重如表7-8所示。

表7-8 初始范畴权重排序

编码	初始范畴	频次	权重	排序
OC-1	游戏天性	17	15.04%	3
OC-2	家庭因素	16	14.16%	4
OC-3	老师态度	13	11.50%	6
OC-4	升学考试体育	18	15.93%	2
OC-5	家长态度	15	13.27%	5
OC-6	进步需要	19	16.81%	1
OC-7	自身态度	15	13.27%	5

其次，进行轴心式编码。内涵同上。基于开放式编码所提取出的7个初始范畴，进一步对其范畴化，对于关联不够紧密的范畴予以合并或剔除，对于多次出现的范畴加以提炼，最终提取出4个主范畴，分别是：①青少年；②体育教师；③学生家长；④国家政策。上述4个主范畴及编码过程如表7-9所示。

表7-9 轴心式编码

编码	初始范畴	范畴化	主范畴
AC-1	游戏天性 兴趣爱好 自身体育参与 进步需要	青少年体育习惯 青少年自身对体育的兴趣 青少年体育参与状况 青少年考高分追求进步	青少年
AC-2	老师态度	体育教师对青少年参与体育活动态度	体育教师

第七章 胜景：我国青少年体育参与动力机制建构

续表

编码	初始范畴	范畴化	主范畴
AC-3	家长态度 家庭因素	家长对青少年参与体育活动态度 家庭环境影响青少年体育参与	学生家长
AC-4	升学考试体育	中考加试体育	国家政策

为了明晰研究重点，统计了4个主范畴的出现次数，其中，"青少年"出现51次、"体育教师"出现13次、"学生家长"出现31次，"国家政策"出现18次。上述4个主范畴出现次数及权重如表7-10所示。

表7-10 主范畴权重排序

编码	主范畴	频次	权重	排序
AC-1	青少年	51	45.13%	1
AC-2	体育教师	13	11.50%	4
AC-3	学生家长	31	27.43%	2
AC-4	国家政策	18	15.93%	3

最后，完成选择式编码。内涵同上。为了系统地处理范畴之间的关系，本研究通过构建"故事线"的方式将主范畴串联成有意义的"系列故事"。经过归纳，对"游戏天性""家长态度""升学考试体育"等7个范畴继续提炼，分别得到"青少年""体育教师""学生家长""国家政策"4个主范畴。随后，以"青少年"作为其他主范畴的核心，形成以核心范畴为中心的影响因素分析框架，为本研究理论模型的构建提供了基本方向与框架内容，如表7-11所示。

表 7-11 影响因素主轴与选择编码过程

核心范畴	主范畴	范畴
青少年	青少年	游戏天性 兴趣爱好 自身体育参与
	体育教师	体育教师态度
	学生家长	家长态度 家庭因素
	国家政策	升学考试体育

当前青少年体育参与确实存在着很多的困扰，影响到了青少年的健康成长。当前青少年个体在体育参与动力主体中的实际情况如何？作为青少年个体，为何有些没有参与其中？不论是城市还是农村青少年，也不论是参与体育活动较好的还是较差的青少年，他们均有天生爱好活动，想参与体育活动的天然动力，也即作为体育需要主体，都有受体育需要的驱使，去追求并获得体育需要满足物，都是体育参与动力发生主体。但是在成长中，经常参与体育活动的青少年有亲密的体育同伴关系，家长对其参与体育活动处在支持或中间状态，有班主任的支持和体育教师的引导得以体验到其中的乐趣，而不再参与的青少年没有体育同伴关系，家长对其参与体育活动处在中间或不支持状态，体育教师处在中间状态但班主任强烈反对。

通过附录 B 中访谈可知：一是体育参与较好的青少年的家长虽然表示支持或中间状态，但也都表明不能耽误孩子的学习；二是城市参与体育活动较差的青少年认为家长不支持，主要关注其学习，担心受伤，但家长在受访中表示支持孩子参与体育活动，这表明家长支持的说法要么是撒谎性回答，要么是停留在口头层面或无法满足孩子对体育的需要，后续深入访谈中了解到家长认为对孩子参与体育活动督促不够，自身参与不足，缺乏陪同和兴趣的培养，给孩子购买的体育用品得不到认可等情况，表明这位家长的支持属于后者。因此，家庭对孩子参与体育活动的支持应该从"思想—沟通—行动"入手；三是不管属于哪种体育参与类型的青少年，都认为自身要想进步和发展就是要考高分，升入重点学校,要好好学习,同时认为参与体育活动对自身进步没有任何帮助。这说明了应试教育、升学教育已经内化到青少年的内心深处,而对于体育价值的认知还停留在"没用"的盲区,这值得我们深思文化传统及现代化转型的进程和成效,但是同时从另一个角度看,我们的青少年在如此尊崇应试升学而漠视体育价值的情况下,还都天生喜欢体育活动,并且有一些青少年还经常参与其中,更能说明青少年自身对体育的需要是很强烈的。

青少年作为动力发生主体产生的动力是可以利用的,谁利用它就是利用主体,青少年自身可以是利用主体,其他人也可以是,一般处在宏观层次和中观层次的政府、学校和家庭动力主体总是处在低层次的青少年动力主体的利用主体。参与体育活动较好的青少年,首先是动力发生主体,同时又是动力利用主体,这种动力在同一动力主体层面上流动,同伴也就成了互相之间动力的利用主体,也就有了密切的体育同伴关系。同时家长、体育教师、学校体育负责人、政府也成为动力利用主体。而参与体育活动较差的青少年,由于也有天然参与体育活动的动力,也是动力发生主体,但是在成为动力利用主体的过程中,受到家长、伤病、体育教师、班主任等重重阻碍,这些高层次的动力主体不仅没有引导利用青少年体育参与的动力,而且还抑制了动力的自然发展,属于动力抑制主体或负利用主体。由此可见,在青少年体育参与中,一定要解决好利用主体的问题,力争让青少年都是体育参与动力发生主体和利用主体的统一体,同时让处在中观层次、宏观层次的动力主体成为微观层次的利用主体,而非抑制主体。

(二)青少年群体(中观层次)

根据社会人环境理论,青少年受影响最大的环境就是学校和家庭。这是他们所属的两个最基本群体,在青少年体育参与中扮演着重要的外力角色。在青少年体育参与的3个层次的动力主体中,青少年群体也是较为关键的动力主体,对促进青少年体育参与起着至关重要的作用。依据马克思主义关于人的需要是社会动力根本的理论,青少年体育参与的动力是一个复杂的系统,青少年群体所属人的本身的各种复杂需要是青少年群体最基本的原动力,体育在这种最基本的原动力中所占的地位,决定着群体对青少年体育参与的支持或反对及影响力的大小。青少年群体对诸如升学率、知名度、赚钱、和睦等各种复杂需

青少年体育参与动力机制

要是他们进行社会行动的最基本的原动力,也是动力的源泉。在这些复杂需要的满足中,体育能起到什么样的作用,占据什么样的地位,扮演什么样的角色就显得非常重要。如果是必须条件,那么青少年群体在青少年体育参与中,一定是起着强力支持的作用;如果是毫无关系的条件,一定是漠视或者反对的;如果是有所联系但并非必须条件,那么青少年群体在青少年体育参与的动力主体中,就会是支持和反对并存的中立状态,会随着环境的变化而产生摇摆。从这个意义上说,探讨青少年群体的需要及体育在需要满足中所占的地位是深入研究青少年体育参与动力机制中动力结构的重要环节。

当前青少年群体分别需要什么?他们的体育动力如何?作为青少年成长中最重要的环境——学校和家庭来说,家长、老师、校长究竟扮演着什么角色?研究表明,中观层次的青少年群体主要是家长、体育教师和学校体育的负责人。按照扎根理论的研究要求,针对上述青少年3个群体逐一展开研究,首先针对家长进行分析,受访对象基本信息如表7-12所示。

表7-12 受访对象基本信息

序号	姓名	性别	身份
IO-1	体育参与较好学生家长	男	农村学生家长
IO-2	体育参与较好学生家长	男	农村学生家长
IO-3	体育参与较好学生家长	男	农村学生家长
IO-4	体育参与较好学生家长	女	城市学生家长
IO-5	体育参与较好学生家长	男	城市学生家长
IO-6	体育参与较好学生家长	男	城市学生家长
IO-7	体育参与较差学生家长	男	农村学生家长
IO-8	体育参与较差学生家长	女	农村学生家长
IO-9	体育参与较差学生家长	男	农村学生家长
IO-10	体育参与较差学生家长	男	城市学生家长
IO-11	体育参与较差学生家长	女	城市学生家长
IO-12	体育参与较差学生家长	男	城市学生家长

第七章 胜景：我国青少年体育参与动力机制建构

第一，选择城市、农村体育参与较好的学生家长。

首先，进行开放式编码。内涵同上。通过对原始资料进行开放式编码，共提取出8个初始范畴，分别是：①游戏天性；②家长态度；③体育投入；④进步需要；⑤升学考试体育；⑥家长体育参与；⑦学生体育参与；⑧家长引导。城市、农村体育参与较好学生家长开放式编码如表7-13所示。

表7-13 城市、农村体育参与较好学生家长开放式编码

编码	原始资料	概念化	初始范畴
OC-1	他从小就天天喜欢跑着玩，老是天黑了才回来，在家里我有时喊他帮忙一起干点农活、家务活吧。（IO-1） 我们村里也没啥可玩的，他们年龄一般大的一起跑着玩。（IO-2） 他天天喜欢跑着玩，从小就不着家。放学回来做完作业，就去社区附近的健身场所玩玩。（IO-5）	孩子小时候好玩，喜爱运动	游戏天性
OC-2	我也没啥看法，小孩都爱玩，我们村里这一群孩子，天天都是成群结队地跑，我只是担心他们出去跟别人打架。（IO-2） 我是不太愿意让他天天跑，天天打球，每次回来天都黑了，弄一身汗，脏得不得了，又是洗衣服又洗澡，饭都顾不上吃。有一次还因为打球把脚崴了，有一次因为打球几个人一块打架，你说图啥？还想着没事在家帮忙干点活，当然如果他说写作业学习，我们再累也不让他帮忙干活。（IO-3） 我觉得进行体育活动有好处，可以促进孩子身体健康，少生病，但是不能总去跑着玩，还是要好好学习，做好作业。（IO-6）	农村家长态度有所反对	家长态度
OC-3	没有买啊，家里也没钱，他的衣服都没买过，但是他要是学习方面得花费比如买书、买本子、买笔、学费，我再苦也想办法。（IO-1） 没有买啊，家里经济一般，主要用来买书、学费我再苦也想办法。（IO-5）	家长教育投入不会倾向孩子体育运动方面	体育投入

续表

编码	原始资料	概念化	初始范畴
OC-4	家里得有钱啊,上有老,下有小,不容易。我现在就是四处跑着挣点钱,至于孩子,我想让他好好学习,将来考个好大学,以后在城里找个好工作,可是他就喜欢打球,学习不咋样,你说球打得再好有啥用?我想他出去打球了,肯定占用时间和精力,以后我得看住他,就让他在家看书。(IO-2)家里想发展,得有钱啊,同时孩子要争气好好学习,考个大学,找个稳定工作,将来才有出息。经常教育他应该以课业为主,大把时间用到体育活动上不值得。(IO-6)	家长期望孩子进步	进步需要
OC-5	听他回来说过考学还考体育,可以练练,毕竟多几分对考学有帮助,考完了赶快停了,复习文化课。(IO-1)我知道考学还考体育,说明国家在逐渐重视。毕竟几十分还是要抓紧练练,对将来考高中有好处。(IO-4)	老师家长支持练习体育备战中考,不能耽误文化课	升学考试体育
OC-6	我和老婆天天都在打工、干农活,也是活动啊。家里生活压力大,很累,没有精力去进行体育活动。(IO-3)我们天天都活动,每天晚上散散步,快走快走。每次一个来小时。(IO-5)	家长对体育认识程度不够,参与不多	家长体育参与
OC-7	他其实活动还是挺多的,从小就爱玩,现在经常有别的小孩喊他出去玩、打球。也不学习,我和她妈督促不够,也管不住,学校天天教小孩跑步、打球有啥用呢?(IO-3)他其实参与很多。(IO-5)	家长认为孩子参与体育活动挺多的	学生体育参与
OC-8	他每天都跑的没影了,我应该限制他,不过现在也限制不了。(IO-3)我们家孩子天天跑出去玩。如果孩子不喜欢动,而父母想让孩子活动,肯定要带动他。(IO-4)	父母对学生体育行为有带动作用	家长引导

第七章 胜景：我国青少年体育参与动力机制建构

为了把握研究方向，为下一步编码做铺垫，统计了6位受访者提及的8个初始范畴的次数，提及次数越多表示该范畴越重要。其中，"游戏天性"出现14次、"家长态度"出现18次、"体育投入"出现14次、"进步需要"出现15次、"升学考试需要"出现13次、"家长体育参与"出现17次、"学生体育参与"出现14次、"家长引导"出现20次。上述8个初始范畴出现次数及权重如表7-14所示。

表7-14 初始范畴权重排序

编码	初始范畴	频次	权重	排序
OC-1	游戏天性	14	11.20%	5
OC-2	家长态度	18	14.40%	2
OC-3	体育投入	14	11.20%	5
OC-4	进步需要	15	12.00%	4
OC-5	升学考试体育	13	10.40%	6
OC-6	家长体育参与	17	13.60%	3
OC-7	学生体育参与	14	11.20%	5
OC-8	家长引导	20	16.00%	1

其次，进行轴心式编码。内涵同上。基于开放式编码所提取出的8个初始范畴，进一步对其范畴化，对于关联不够紧密的范畴予以合并或剔除，对于多次出现的范畴加以提炼，最终提取出3个主范畴，分别是：①学生家长；②青少年；③国家政策。上述3个主范畴及编码过程如表7-15所示。

表 7-15 轴心式编码

编码	初始范畴	范畴化	主范畴
AC-1	家长态度 家长体育参与 家长引导 体育投入	家长对青少年参与体育活动态度 家长体育参与状况 家长对青少年体育行为的影响 家长对青少年体育参与的投入	学生家长
AC-2	学生体育参与 游戏天性 进步需要	青少年体育参与状况 青少年体育习惯 青少年考高分追求进步	青少年
AC-3	升学考试体育	中考加试体育	国家政策

为了明晰研究重点，统计了3个主范畴的出现次数，其中，"学生家长"出现69次、"青少年"出现43次、"国家政策"出现13次。上述3个主范畴出现次数及权重如表7-16所示。

表 7-16 主范畴权重排序

编码	主范畴	频次	权重	排序
AC-1	学生家长	69	55.20%	1
AC-2	青少年	43	34.40%	2
AC-3	国家政策	13	10.40%	3

最后，完成选择式编码。内涵同上。为了系统地处理范畴之间的关系，本研究通过构建"故事线"的方式将主范畴串联成有意义的"系列故事"。经过归纳，对"游戏天性""家长态度""家长体育参与"等8个范畴继续提炼，分别得到"学生家长""青少年""国家政策"3个主范畴。随后，以"学生家长"作为其他主范畴的核心，形成以核心范畴为中心的影响因素分析框架，为本研究理论模型的构建提供了基本方向与框架内容，如表7-17所示。

第七章 胜景：我国青少年体育参与动力机制建构

表 7-17　影响因素主轴与选择编码过程

核心范畴	主范畴	范畴
学生家长	学生家长	家长态度
		家长体育参与
		家长引导
	青少年	体育投入
		游戏天性
		学生体育参与
		进步需要
	国家政策	升学考试体育

第二，选择城市、农村体育参与较差家长，重复进行上述研究步骤。

首先，进行开放式编码，如表 7-18 所示。

表 7-18　城市、农村体育参与较差家长开放式编码

编码	原始资料	概念化	初始范畴
OC-1	他放学回家几乎不活动，就是玩手机、看电视、写作业。（IO-7） 他放学回家几乎不活动，就是玩、和小朋友打电话、看电视、玩电脑、写作业。（IO-11）	孩子不喜爱运动，没有体育习惯	游戏天性
OC-2	希望孩子参加体育活动，锻炼身体，因为他身体不好。（IO-7） 希望越多越好，因为不活动肯定不行，经常感冒，身体不够健康，此外没想到通过体育培养孩子别的方面的素质。（IO-11）	家长支持	家长态度
OC-3	也没买过啥，经济有限。上次运动买的运动衣服、鞋子和一个跳绳。（IO-8） 我给她买东西是从家长的角度，想让她学啥，但她不一定喜欢我买的，而且也没有表现出来对体育需要的欲望。（IO-10）	家长教育投入不会倾向孩子体育运动方面	体育投入

续表

编码	原始资料	概念化	初始范畴
OC-4	家里现在是上有老下有小,花钱的地方很多。孩子的任务就是学习,家里再困难,学习上全力给她钱。(IO-8) 经常言传说教吧,多给他讲农村、农民的不容易,让他多学习,还得靠自己。(IO-9) 主要要求她学习、锻炼,身体健康,由家长带着锻炼和体验。(IO-11)	家长希望自己幸福,孩子健康成长	家庭发展
OC-5	以前觉得体育不可能考试,现在考了,感觉还是不错的,但是考个体育有什么用呢?(IO-7) 我觉得体育成为应试教育的一个项目,肯定是考啥练啥,最后考完再也不练,解决这个问题就是找一个很合适的方式把体育体现出来。(IO-12)	短期对体育有所帮助,并非长久之策	升学考试体育
OC-6	天天都在干活,至于您说的体育活动,基本很少,因为干完一天体力活都已经很累了。(IO-7) 我比老婆活动多,除了上课外,一周平均两次,每次半小时到一小时。老婆偶尔活动一次(IO-11)	家长对体育认识程度不够	家长体育参与
OC-7	他自己小时候爱玩,后来有点胖,有点懒,也不想跑出去玩了。家长也没督促他,学校也没人督促体育活动。(IO-9) 家长督促不够,小孩兴趣没有培养起来,再一点其他活动分走了她的精力,占用她的兴趣和时间,还有小孩不爱吃苦。学校也有责任,活动内容不丰富,在课堂上学的东西没有让她很有兴趣地练下去,从来没有任何一个学校硬性规定作业必须有体育,如跳绳300下等。(IO-10)	家长认为孩子参与体育活动挺多的	学生体育参与
OC-8	家长可以带头锻炼,也可以陪他一起活动。(IO-8) 家庭可以陪同一起活动,让他参加一些自己容易产生兴趣的外出活动、体育活动班、协会的小团体。(IO-10)	父母对学生体育行为有带动作用	家长引导

为了把握研究方向,为下一步编码做铺垫,统计了6位受访者提及的8个初始范畴的次数,提及次数越多表示该范畴越重要。其中,"游戏天性"出现16次、"家长态度"出现19次、"体育投入"出现13次、"家庭发展"出现

第七章 胜景：我国青少年体育参与动力机制建构

16 次、"升学考试需要"出现 15 次、"家长体育参与"出现 18 次、"学生体育参与"出现 17 次、"家长引导"出现 21 次。上述 8 个初始范畴出现次数及权重如表 7-19 所示。

表 7-19 初始范畴权重排序

编码	初始范畴	频次	权重	排序
OC-1	游戏天性	16	11.85%	5
OC-2	家长态度	19	14.07%	2
OC-3	体育投入	13	9.63%	7
OC-4	家庭发展	16	11.85%	5
OC-5	升学考试体育	15	11.11%	6
OC-6	家长体育参与	18	13.33%	3
OC-7	学生体育参与	17	12.59%	4
OC-8	家长引导	21	15.56%	1

其次，进行轴心式编码。内涵同上。基于开放式编码所提取出的 8 个初始范畴，进一步对其范畴化，对于关联不够紧密的范畴予以合并或剔除，对于多次出现的范畴加以提炼，最终提取出 3 个主范畴，分别是：①学生家长；②青少年；③国家政策。上述 3 个主范畴及编码过程如表 7-20 所示。

表 7-20 轴心式编码

编码	初始范畴	范畴化	主范畴
AC-1	家长态度 家长体育参与 家长引导 体育投入 家庭发展	家长对青少年参与体育活动态度 家长体育参与状况 家长对青少年体育行为的影响 家长对青少年体育参与的投入 家长对家庭孩子的期望	学生家长
AC-2	学生体育参与 游戏天性	青少年体育参与状况 青少年体育习惯	青少年
AC-3	升学考试体育	中考加试体育	国家政策

青少年体育参与动力机制

为了明晰研究重点，统计了 3 个主范畴的出现次数，其中，"学生家长"出现 87 次、"青少年"出现 33 次、"国家政策"出现 15 次。上述 3 个主范畴出现次数及权重如表 7-21 所示。

表 7-21　主范畴权重排序

编码	主范畴	频次	权重	排序
AC-1	学生家长	87	64.44%	1
AC-2	青少年	33	24.44%	2
AC-3	国家政策	15	11.11%	3

最后，完成选择式编码。内涵同上。为了系统地处理范畴之间的关系，本研究通过构建"故事线"的方式将主范畴串联成有意义的"系列故事"。经过归纳，对"游戏天性""家长态度""家长体育参与"等 8 个范畴继续提炼，分别得到"学生家长""青少年""国家政策"3 个主范畴。随后，以"学生家长"作为其他主范畴的核心，形成以核心范畴为中心的影响因素分析框架，为本研究理论模型的构建提供了基本方向与框架内容，如表 7-22 所示。

表 7-22　影响因素主轴与选择编码过程

核心范畴	主范畴	范畴
学生家长	学生家长	家长态度
		家长体育参与
		家长引导
		体育投入
	青少年	家庭发展
		游戏天性
		学生体育参与
	国家政策	升学考试体育

第七章 胜景：我国青少年体育参与动力机制建构

上述研究表明：家长方面，不管是城市还是农村的，都需要家庭物质基础，只是农村家长要求满足基本生活即可，而城市家长希望逐步改善，还提到期望和睦和谐的家庭成员关系；对孩子成长的需要，家长都希望孩子好好学习，将来考上好学校，不同的是农村家长这种需要更加强烈，而且是唯一的，属于典型的最近优势需要，而城市家长还希望孩子能够幸福，要身体好、工作好、未来家庭好。家长根据自身需要，对物质需要的驱使，就产生了动力发生主体，去追求以金钱为主的物质满足物，也会要求孩子好好学习，将来升入好学校。不论是追求物质还是孩子升学的需要，虽然体育也能促进健康而节省家庭医疗开支，也有较小的体育分值促进升学，但因为不是必需的满足物而难以受到重视。但是，城市家长追求和睦协调的家庭成员关系，以及对孩子未来的多元化需要，体育是满足物的重要组成部分。体育促进身体健康的重要性不言而喻，家庭成员共同参与体育活动可以增进了解与交流，使家庭成员之间更和谐，即使不共同参与，也可以通过体育活动消解生活中的积郁，及时疏导潜在的冲突因素。在这方面，家庭对体育的需要是必需的，不仅是体育参与的动力发生主体，也可作为利用主体来引导青少年。同时随着生活物质条件的逐步改善，也应引导农村家长的精神文化追求和培养孩子全面发展的理念。

第三，针对体育教师进行分析。受访体育教师基本信息如表7-23所示。

表 7-23 受访体育教师基本信息

序号	姓名	性别	身份
IO-1	W 老师	男	农村体育教师
IO-2	Z 老师	男	农村体育教师
IO-3	Y 老师	男	农村体育教师
IO-4	Y 老师	男	城市体育教师
IO-5	G 老师	男	城市体育教师
IO-6	L 老师	男	城市体育教师

青少年体育参与动力机制

首先,进行开放式编码。内涵同上。通过对原始资料进行开放式编码,共提取出 7 个初始范畴,分别是:①体育表现;②体育参与;③体育教师推动;④政策落实;⑤体育教师职业发展需要;⑥升学体育考试;⑦体育建议。上述 7 个初始范畴及编码如表 7-24 所示。

表 7-24 农村城市体育教师开放式编码

编码	原始资料	概念化	初始范畴
OC-1	积极性靠老师调动。学习不太好,在班里待不住。学生性格开朗外向。(IO-1) 从初中教学来讲,体育课上表现不错的、性格外向的男生居多,尤其是初二、初三学生。女孩大多不积极,不和大家交流。(IO-4)	体育积极性分化	体育表现
OC-2	希望学生身体素质过硬,不需要初中生技能特别高,只要能达到一定标准就行。(IO-1) 我上课时,会想一切办法让学生参与到体育当中去,男生爱足球、篮球,女生参与其他些活动。(IO-5) 体育不受重视,学生把老师安排体育活动等同于体罚,极为被动。(IO-2) 不是学校教学环境造成的,是社会环境造成的。学生受教育分为 3 个地方:家庭、学校、社会。首先是家庭环境,父母对他的教育影响很大,不管是身体的训练还是其他方面。(IO-6)	对学生有不同的体育要求	体育参与
OC-3	首先,现在体育场地还是坑坑洼洼,弄一身土,孩子们不愿意去玩,所以场地等硬件设施很关键。其次,体育教师积极参与、奉献精神起到很关键的作用。(IO-1) 根据初中生生理特点和学校实际,在课余组织学生搞一些活动,如毽子、跳绳等,也是响应上级要求,体育教师主要是技巧上做出支持,给予一些指导。不可能在非常细的方面指导学生。(IO-5)	体育教师要发挥主观能动性	体育教师推动

第七章 胜景：我国青少年体育参与动力机制建构

续表

编码	原始资料	概念化	初始范畴
OC-4	大课间，做广播操也能起到锻炼效果。学校还是主动抓成绩，靠成绩。（IO-3） 第一是硬件设施不达标，不完全是学校原因。因为是上级拨款，政策的原因。（IO-4）	缺乏硬件设施	政策落实
OC-5	没啥需要吧。（IO-2） 我们需要有新观念，在教学过程中，改变教学方式、方法，从备课来说，要有所创新，因为学生是不断成长的，要因材施教。（IO-6）	教师对体育课态度有所差异	体育教师职业发展需要
OC-6	相对来说好点，如果没有，更不行。考前费劲抓体育，考后主要抓学习。（IO-1） 非常好，必须让孩子们提高身体素质。这种方式不好评价，这种增强身体素质的出发点是对的。（IO-6）	对体育考试看法褒贬不一	升学体育考试
OC-7	原则是硬件设施，基本条件要达到。（IO-3） 对素质教育要加大宣传力度。体育教师没办法去实施，仅仅是想想。现在主要是以分数为主来评价学生。（IO-5）	对体育发展的建议	体育建议

为了把握研究方向，为下一步编码做铺垫，统计了6位受访者提及的7个初始范畴的次数，提及次数越多表示该范畴越重要。其中，"体育表现"出现21次、"体育参与"出现16次、"体育教师推动"出现14次、"政策落实"出现16次、"体育教师职业发展需要"出现17次、"升学考试体育"出现14次、"体育建议"出现15次。上述7个初始范畴出现次数及权重如表7-25所示。

表7-25 初始范畴权重排序

编码	初始范畴	频次	权重	排序
OC-1	体育表现	21	18.58%	1
OC-2	体育参与	16	14.16%	3

续表

编码	初始范畴	频次	权重	排序
OC-3	体育教师推动	14	12.39%	5
OC-4	政策落实	16	14.16%	3
OC-5	体育教师职业发展需要	17	15.04%	2
OC-6	升学考试体育	14	12.39%	5
OC-7	体育建议	15	13.27%	4

其次，进行轴心式编码。内涵同上。基于开放式编码所提取出的7个初始范畴，进一步对其范畴化，对于关联不够紧密的范畴予以合并或剔除，对于多次出现的范畴加以提炼，最终提取出3个主范畴，分别是：①体育教师；②青少年；③国家政策。上述3个主范畴及编码过程如表7-26所示。

表7-26 轴心式编码

编码	初始范畴	范畴化	主范畴
AC-1	体育教师推动 体育教师职业发展需要 体育参与建议	体育教师推动青少年体育参与 体育教师业务提高需求 体育教师职业诉求	体育教师
AC-2	体育参与 体育表现	青少年体育参与状况 青少年体育参与程度	青少年
AC-3	政策落实 升学考试体育	国家政府部门青少年体育 相关政策执行情况 中考加试体育	国家政策

为了明晰研究重点，统计了3个主范畴的出现次数，其中，"体育教师"出现46次、"青少年"出现37次、"国家政策"出现30次。上述3个主范畴出现次数及权重如表7-27所示。

第七章 胜景：我国青少年体育参与动力机制建构

表 7-27 主范畴权重排序

编码	主范畴	频次	权重	排序
AC-1	体育教师	46	40.71%	1
AC-2	青少年	37	32.74%	2
AC-3	国家政策	30	26.55%	3

最后，完成选择式编码。内涵同上。为了系统地处理范畴之间的关系，本研究通过构建"故事线"的方式将主范畴串联成有意义的"系列故事"。经过归纳，对"体育教师推动""政策落实""体育教师职业发展需要"等 7 个范畴继续提炼，分别得到"体育教师""青少年""国家政策"3 个主范畴。随后，以"体育教师"作为其他主范畴的核心，形成以核心范畴为中心的影响因素分析框架，为本研究理论模型的构建提供了基本方向与框架内容，如表 7-28 所示。

表 7-28 影响因素主轴与选择编码过程

核心范畴	主范畴	范畴
体育教师	体育教师	体育教师推动
		体育教师职业发展需要
		体育参与建议
	青少年	体育参与
		体育表现
	国家政策	政策落实
		升学考试体育

上述研究表明：体育教师方面，城市体育教师希望接受继续教育，更新观念，创新教学方式方法，因材施教，农村体育教师谈到没考虑过职业发展需要什么，有些消沉，难以产生动力。城市体育教师的职业追求使得他们有丰富的体育需要，产生一定的动力。在其自身成为体育动力发生主体和利用主体的同时，作为宏观层次的国家政府及学校负责人应作为利用主体，把这

青少年体育参与动力机制

种需要引导到实现学校和国家体育目标上来，同时也应培养农村体育教师的职业发展需要。

第四，针对学校管理者进行分析。受访管理者基本信息如表7-29所示。

表7-29 受访管理者基本信息

序号	姓名	性别	身份
IO-1	Y校长	男	农村学校校长
IO-2	W校长	男	农村学校校长
IO-3	S主任	男	城市学校主任
IO-4	Z校长	男	城市学校校长

首先，进行开放式编码。内涵同上。通过对原始资料进行开放式编码，共提取出7个初始范畴，分别是：①学校体育安排；②体育参与；③学校责任；④学校发展需要；⑤升学考试体育；⑥政策落实；⑦体育建议。上述7个初始范畴及编码过程如表7-30所示。

表7-30 农村城市校长开放式编码

编码	原始资料	概念化	初始范畴
OC-1	咱们学校的体育课，每周3节，每天下午第4节是体育活动时间，有篮球、田径练习，由教师组织兴趣小组进行活动。首先是根据上级部门的目标去针对性地做；其次根据学校的实际情况，如没球类馆，不能进行球类练习，就进行田径练习、越野跑、田间跑步。（IO-1）学校对体育活动的安排也是按照上级要求，每天每个学生的课外体育活动保证一个小时。（IO-3）虽说学校条件简陋，但学校对体育非常认真重视，对参加乡市县运动的学生、教师有奖励。前些年一直组织初中组代表县里去市里比赛，现在城乡差别大了，学生流失严重，生源差，没有体育人才。（IO-2）	学校保证体育课时间充足	学校体育安排

第七章　胜景：我国青少年体育参与动力机制建构

续表

编码	原始资料	概念化	初始范畴
OC-1	现在初中体育没有办法严格按照大纲、教材内容安排，主要受社会因素影响，因为体育课容易出现学生伤害事故，一旦出现问题，在赔偿方面负担不起，从而限制学校体育。（IO-4）	学校保证体育课时间充足	学校体育安排
OC-2	现在学生不愿意参加，偶尔组织学生训练，学生只能坚持一天两天，因为感觉枯燥乏味，有好几个原因，如现在条件比较好，孩子不愿意受严格的训练管制，受苦受累。（IO-1） 在校生少的还好些，人多的难度更大。一是时间，二是器材。在时间方面，还是在家长意识里面，对体育不是很看重，不能安排过多，否则家长不同意。器材如果能解决，更好些。（IO-4）	乡村学校学生主观能动性不强，家长不重视体育；城市学生器材缺失，家长对孩子的溺爱，不是很看重体育	体育参与
OC-3	对校方来说，教学生体质锻炼责任重大。根据教育部的要求，怎么利用自身条件开展体育活动、比赛，让体育教师在课堂中有针对性地进行训练，培养学生对体育的一些兴趣。（IO-2） 作为学校管理层，硬性规定起着监督、督促的作用，如大课间的30~40分钟活动，还是要靠内因去活动。有些学生组织在一起，就是不活动，也很难见效。体制不改变，学校的硬性外力也只是暂时性的。（IO-3）	学校多方面采取措施促进学生体育参与	学校责任
OC-4	从我们学校来说，首先是追求升学率，其次是办特色学校，吸引更多的学生，让家长对学校有一个重新认识。农村经费缺乏，正常活动经费都没有，怎么谈体育的发展？学校举步维艰，要想发展特色走出去，就要改革，但是改革也要面临倒闭的风险。（IO-1） 公办学校不存在生存问题，私立学校存在生存问题。公立学校要提高学校知名度，多招尖子学生，改变生源质量，提高升学率。学校如果有个体育生拿了全国冠军，并不能提高学校知名度；如果重点高中、重点大学的升学率高，家长会主动把孩子送过去，还是以应试教育为主。（IO-3）	学校追求升学率	学校发展需要

续表

编码	原始资料	概念化	初始范畴
OC-5	今年，体育纳入升学考试，分值是35分，提高了体育教师的尊严，但由于分值低，还是不受一些学校领导重视。训练时间少，仅仅靠体育课45分钟根本起不到任何体质锻炼作用，无非就是体育教师对体育动作的一个诠释，培养兴趣，但是现在的学生练习的自觉性非常差。（IO-2） 分值太低，如果等同其他科目分值，甚至超过语数外分值，在目前状况下，能够改变一些现状。虽然很被动，但是会逐渐引起家长的重视、社会的重视，使学生锻炼积极性更高。学生只学分值高对升学有帮助的。（IO-3）	体育分值太低，还是不受重视	升学体育考试
OC-6	对于每天体育锻炼1小时，学校在教师例会上也提到，但是不能保证落实到位。在课间让体育老师同时辅导好几百个学生，不现实。学校对体育这方面不算工作量，如课间操、早操、大课间练习，体育教师职业待遇不行，一天两天可以，但长期没人愿意干。我教20年了，体育服装都解决不了。（IO-1） 人数多的学校，根本没法去落实，操场面积小，人都是站那里，就把操场站满了。这就是均衡教育的问题，如何让热点学校不热，薄弱学校不薄就能解决根本问题。很多人数多的学校放学下课都是分段，何谈体育活动。（IO-4）	农村政策不好落实，城市学校尚可	政策落实
OC-7	在青少年，我认为体育第一可以锻炼体质；第二可以培养一个人的气质。（IO-1） 校方可以多组织一些活动，我们学校每周都有各种比赛，赢得比赛，得到名次不是目的，主要目的是促进学生参与这个过程，促使学生锻炼。比赛的成绩纳入量化考核之中，这也督促了班主任，班主任督促学生，不管主动被动，都能督促学生体育参与。（IO-3）	对体育发展的建议	体育建议

为了把握研究方向，为下一步编码做铺垫，统计了4位受访者提及的7个初始范畴的次数，提及次数越多表示该范畴越重要。其中，"学校体育安排"

第七章 胜景：我国青少年体育参与动力机制建构

出现 20 次、"体育参与"出现 13 次、"学校责任"出现 15 次、"学校发展需要"出现 14 次、"升学考试体育"出现 16 次、"政策落实"出现 16 次、"体育建议"出现 15 次。上述 7 个初始范畴出现次数及权重如表 7-31 所示。

表 7-31 初始范畴权重排序

编码	初始范畴	频次	权重	排序
OC-1	学校体育安排	20	18.35%	1
OC-2	体育参与	13	11.93%	5
OC-3	学校责任	15	13.76%	3
OC-4	学校发展需要	14	12.84%	4
OC-5	升学考试体育	16	14.68%	2
OC-6	政策落实	16	14.68%	2
OC-7	体育建议	15	13.76%	3

其次，进行轴心式编码。内涵同上。基于开放式编码所提取出的 7 个初始范畴，进一步对其范畴化，对于关联不够紧密的范畴予以合并，对于多次出现的范畴加以提炼，最终提取出 3 个主范畴，分别是：①学校；②青少年；③国家政策。上述 3 个主范畴及编码过程如表 7-32 所示。

表 7-32 轴心式编码

编码	初始范畴	范畴化	主范畴
AC-1	学校体育安排 学校责任 学校发展需要 体育建议	学校体育工作规划 学校在体育发展中的责任角色 学校发展的体育诉求 学校体育发展的诉求	学校
AC-2	体育参与	青少年体育参与状况	青少年
AC-3	政策落实 升学考试体育	国家政府部门青少年体育 相关政策执行情况 中考加试体育	国家政策

青少年体育参与动力机制

为了明晰研究重点，统计了 3 个主范畴的出现次数，其中，"学校"出现 64 次、"青少年"出现 13 次、"国家政策"出现 32 次。上 3 个主范畴出现次数及权重如表 7-33 所示。

表 7-33 主范畴权重排序

编码	主范畴	频次	权重	排序
AC-1	学校	64	58.72%	1
AC-2	青少年	13	11.93%	3
AC-3	国家政策	32	29.36%	2

最后，完成选择式编码。内涵同上。为了系统处理范畴之间的关系，本研究通过构建"故事线"的方式将主范畴串联成有意义的"系列故事"。经过归纳，对"学校体育安排""学校责任"等 7 个范畴继续提炼，分别得到"学校""青少年""国家政策"3 个主范畴。随后以"学校"作为其他主范畴的核心，形成以核心范畴为中心的影响因素分析框架，为本研究理论模型的构建提供了基本方向与框架内容，如表 7-34 所示。

表 7-34 影响因素主轴与选择编码过程

核心范畴	主范畴	范畴
学校	学校	学校体育安排
		学校责任
		学校发展需要
		体育建议
	青少年	体育参与
	国家政策	政策落实
		升学考试体育

第七章 胜景：我国青少年体育参与动力机制建构

上述研究表明：学校体育负责人方面，不论是城市还是农村学校体育负责人，都认为学校要想发展，必须提高升学率，但是城市负责人认为学校不存在生存压力，且认为在提高教学质量时，是家长的反对导致学校不能全力抓好体育教学；而农村负责人则认为学校生存就是问题，除了升学率之外还需走特色办学之路，体育特色是重要选择，但是最大困难是没有经费，连最基本的体育服装都是多年无法解决的。由此看出，学校负责人肯定有极强的提高升学率的动力，体育由于分值小而很难实现，农村学校在城乡差异逐渐拉大、生源流失严重的情况下，难以和城市学校比拼升学率，就产生了走特色办学的探索，体育特色是较强的发展需要，然而受经费和农村经济整体薄弱的困扰，难以梦想成真。因此，从长久发展来看，要想让学校有体育需要，只有改变以升学率论成败的评价模式，才能真正实现素质教育、全面发展的教育目标。从现阶段来看，应加大体育科目在升学考试中的分量。至于家长反对导致学校不能全力抓好体育教学的说法，也是家长迫于对孩子升学需要而对学校的施压，但并不能成为学校无法真正落实国家教育目标的借口。农村学校走体育特色办学的需要，符合国家教育对人才素质全面化、个性化、多元化的要求，且在当前学校体育如此边缘化的大环境下，具有重要的拯救意义和示范价值，应扶持农村学校这种需要，解决他们的困难，将其引导到合理的发展轨道上来。

（三）国家政府（宏观层次）

在青少年体育参与的3个层次的动力主体中，宏观层次的国家政府也是较为关键的动力主体。宏观层次的国家政府所属人的本身的各种复杂需要是宏观层次动力主体最基本的原动力。和中观层次的青少年群体类似，体育在这种最基本的原动力中所占的地位，决定着国家政府对青少年体育参与的态度。宏观层次的国家政府有各种复杂需要，如社会政治经济发展、文明程度提高、国民整体健康状况等，这些需要是他们进行社会行动最基本的原动力，在这些复杂需要的满足中，体育能起到什么样的作用、占据什么样的地位、扮演什么样的角色就显得非常重要，也即体育在社会文化中的定位及体育能为国家发展做出什么样的贡献。如果是必须条件，那么国家政府一定是强力支持青少年参与体育；如果是毫无关系的条件，一定是漠视或者反对；如果是有所联系但并非必须条件,也会是支持和反对并存,在犹豫和观望中行动。从这个意义上说,探讨体育在满足国家政府需要中所占的地位是关键所在。

当前政府部门需要什么?他们的体育动力如何?作为高层指挥棒,应扮演什么角色呢?

通过访谈政府教育、体育部门负责人及学校负责人得知(详见附录D、附录E),他们的发展需要贯彻上级的教育方针政策,办出自己的特色,把教育事业放在育人和促进民族复兴的高度,促进青少年全面发展。不论是党和国家的教育方针政策,还是全面发展的青少年,抑或是促进民族的伟大复兴,培养全面发展的人才是三者的重叠点,而体育在全面发展的人才结构中占有重要位置,身体好是第一位,也是根本性的。《新体育》1979年再版的毛泽东同志的《体育之研究》,深刻论述了体育、德育和智育的关系,即"体育一道,配德育与智育,而德智皆寄于体,无体是无德智也,顾徒道德之何寓乎?体者,为知识之载而为道德之寓也,其载知识也如车,其寓道德也如舍。体者,载知识之车而寓道德之舍也"。还专门论述了青少年体育的发展规律:"小学之时,宜专注重于身体之发育,而知识之增进、道德之养成次之;宜以养护为主,而以教授训练为辅。今盖多不知之,故儿童缘读书而得疾病或至夭殇者有之矣。中学及中学以上宜三育并重,今人则多偏于智。中学之年,身体之发育尚未完成,乃今培之者少而倾之者多,发育不将有中止之势乎?吾国学制,课程密如牛毛,虽成年之人,顽强之身,犹莫能举,况未成年者乎?况弱者乎?"[①]因此,作为最高层次的政府部门,应该根据对体育的强烈需要,不仅自身是体育动力发生主体和利用主体的统一体,还应该通过以利益和文化为主的动力传导媒介传导给中观、微观层次的动力主体,成为他们的动力利用主体,来实现3个层次的合力,共同促进青少年参与体育活动。

二、动力传导媒介

恩格斯曾经谈道:"社会历史发展是无数单个社会力量的合力的结果。"

---

① 崔乐泉.中国体育通史[M].北京:人民体育出版社,2008:217–218.

第七章 胜景：我国青少年体育参与动力机制建构

这个推动社会发展的合力即经过整合后的社会运行总体动力。前面所提及的青少年体育参与的3个层次主体所发生的动力可以通过一定的媒介相互传递，媒介就是动力传递的平台和载体。青少年体育参与的动力传导媒介是指体育参与动力从一个动力主体传到另一个动力主体的渠道，也是体育参与动力积累、贮存、递增、可持续发展的主要凭借之一，这种传递既可以在同一层次青少年体育参与主体间横向传递，也可以在不同层次主体间纵向传递交流，它能把宏观、中观和微观3个层次的体育参与动力整合为促进青少年体育参与的整体动力。动力传导媒介主要有利益、文化、信息传导3种类型。

（一）利益传导：建立合乎青少年内在体育需要的利益导向

利益是什么？就是满足人们需要的对象。亚当·斯密在《国富论》中认为利益是推动人们行动的动力，主要包括工资收入、利润、财富、荣誉、权力等，"利润最大"和私人利益是促使人们行动选择的唯一动机。且不说这种论调是否完全准确，但从促使人们行动的选择上，利益有着重要的推动作用。利益是重要的动力传导媒介，宏观动力主体经常通过利益这一传导媒介，将自身的动力化解，传递到中观、微观等层次的动力主体身上。社会成员在社会整体计划目标所规定的利益的导向下，积极向上，奋发努力工作，经常不间断地进行劳动，开展创造性的社会活动。社会成员的创造性劳动又促使整个社会计划、目标较为完满地实现，从而使国家整体利益得到了保证。社会成员单个动力实际上凝聚成了实现社会整体利益的宏观运行动力[①]。

当前青少年参与体育活动的过程中，有没有关乎3个层次动力主体切身利益的分配和流动？如果有的话，利益是如何从宏观传导至中观和微观呢？

问：通过把体育列入升学考试科目来促进学生们体育参与，您有什么看法？

政府教育、体育部门管理者：这很好，从指挥棒的高度引导学生参与体育活动，学生不愿意练，家长不让练，学校追求升学率，这三者的阻力点都是分数，那我们就从分数上给他们3个优惠和满足，他们肯定就愿意练了。这个是

---

① 郑杭生. 社会学概论新修[M]. 3版. 北京：中国人民大学出版社，2003：39-40.

青少年体育参与动力机制

党和政府的好政策①。

城市学校A管理者：体育分值太低，如果等同其他科目的分值，有可能让学生参与，能够改变一些现状。虽然很被动，但是起到作用是不一样的，从发展的眼光来看，一步一步引起家长的重视、社会的重视。甚至超过语数外分值，锻炼积极性更高。学生只学分值高，对升学有帮助的科目。

农村学校A管理者：体育考试纳入升学，分值为35分，无形中是对体育注入一份兴奋剂，提高了体育教师的尊严，但由于分值低，还是不受一些学校领导重视。训练时间少，仅仅靠体育课45分钟根本起不到任何体质锻炼作用，无非就是体育教师对体育动作的一个诠释，让学生知道动作是怎么回事，培养兴趣，但是现在的学生练习的自觉性非常差。

要想从根本上解决孩子们参与体育活动不够的难题。如阿根廷，想当总统必须会踢足球，在日本想当首相必须会当教师，如果在中国，想考大学必须会打篮球、踢足球。全民体育文化的问题。现在社会是看指挥棒，假如现在的高考像过去的科举一样，考上好学校就有出路，考不上好学校就没有出路。假如增加考后教育，中国不会踢足球，不会打排球，就没有资格考学，体育不过关，就拿不到毕业证，家长不用管，学生就自觉会练。可是现在我们根本达不到。考试结束后，第二天体育课就停课，这就是应试教育②。

城市学校A体育教师：非常好，必须让孩子们提高身体素质。这种方式不好评价，这种增强身体素质的出发点是对的。

农村学校A体育教师：相对来说好点，如果没有，更不行。有些时间段抓得紧一些，有时候抓得松一些，考前抓体育，考后主要抓学习③。

城市A家长：跟原来看法不一样，原来我认为只要列进去，都会对体育有促进，但是列进去的东西，又成为新的应试教育的一个项目，肯定是考啥练啥，最后导致考完再也不练，解决这个问题就是找一个很合适的方式把体育体

---

① 根据对某市政府教育、体育部门管理者访谈录音记录整理。
② 根据对某市学校管理者访谈录音记录整理。
③ 根据对某市学校体育教师访谈录音记录整理。

第七章 胜景：我国青少年体育参与动力机制建构

现出来。

城市 B 家长：我知道现在中考确实考体育，说明国家在逐渐重视。毕竟几十分还是要抓紧练练，这个争取多得几分，对将来考高中有好处。

农村 A 家长：我不知道考学还考体育，那要是考的话还可以练练，毕竟多几分对考学有帮助，考完了赶快停了，复习文化课。

农村 B 家长：以前觉得体育不可能考试，现在考了，感觉还是不错的，促进体育的发展，但是学习体育专业将来能干什么呢[①]？

城市学校 A 同学：肯定可以，我本身就好玩，现在考高中考体育，那更得多参与，现在是二年级，三年级马上开始练了，不过很多我想玩的都没时间去玩了，在学校班主任、体育老师天天就让练那几项，50 米、实心球还有立定跳远，没啥意思，不过我还是偷偷地溜进里面的馆去打球或者游泳。

城市学校 B 同学：应该可以，都想拿分，不过练起来真痛苦，没一点意思，考完我是再也不练了。

农村学校 A 同学：肯定可以，现在考高中考体育，开始练了，不过考试练那些没意思，也没办法，老师就让练这些，我一般都是趁周末还是去打打球。

农村学校 B 同学：应该可以，我也想多考点分，不过练起来实在是难受，脏、累、热，弄一身汗，没一点意思，考完我是再也不练了[②]。

通过附录 E 中访谈可知，宏观层次的政府部门通过利益把体育参与动力传导至中观和微观层次的动力主体身上，来汇聚成实现国家体育目标的宏观动力，这个利益就是升学的分数，方式就是把体育纳入升学考试科目，借以推动青少年参与体育活动。但是除了政府负责人对此表示完全肯定外，中观、微观层次的动力主体均对此表示肯定加否定，肯定的是通过制度保障，对促进当前青少年参与体育活动有一定效果，也可逐渐改变家长和社会对体育的偏见，否定的理由是分值小导致效果小、枯燥乏味、和青少年的体育喜好相冲突，难以从根本上解决问题。

---

① 根据对某市学生家长访谈录音记录整理。
② 根据对某市学生访谈录音记录整理。

这种利益是现阶段较好的动力传导媒介，贴近学生、家庭、学校的切身利益，采用升学分数的形式吸引各方参与，但是由于没有考虑青少年真正的体育需要，使其被动参与，属于典型的突击短视行为，只是暂时的缓兵之计，并非长久的决胜之策。表现为考试前为了体育分数，突击锻炼一呼百应，考试后为了文化分数，放弃锻炼百呼不应的尴尬局面，体育教师也对考前考后所受待遇的巨大反差唏嘘不已。

由此看出，要想调动青少年个体、群体体育参与的积极性，实现国家整体体育目标，应该通过利益这种形式，但是要给青少年个体、群体内在需要的利益，把宏观计划的实现和个体、群体利益的获得统一融合起来，尽可能地杜绝依靠强制的行政手段，即使在特定时期和场合下，可以迫使青少年个体来完成某些体育活动或训练，按照国家意志来实现体育计划和目标，但这仅仅是一厢情愿，最终依然会功亏一篑。我国某些体育政策执行力较差，未能达到既定目的也有类似原因，就是国家发布行政指令时未能充分考虑青少年体育问题的真正病因，未能考虑如何满足青少年个体和群体的利益需要，导致要求一时就干一时，高层行政力量稍微松动，低层行动力量就松劲，没有可持续行动的动力，难以奏效。

（二）文化传导：通过社会化和内化，改变青少年个体需要结构

文化是什么？关于文化的定义也是众说纷纭，莫衷一是。学术界比较认同的是，广义的文化是人类创造的一切物质文化和精神文化的总和及创造过程；狭义的文化就是指精神文化，主要指价值观、信仰、道德、规范等属于意识形态范畴的规定。此处所谈的动力传导媒介的文化传导的"文化"，主要指狭义的精神文化。文化作为重要的动力传导媒介，传导原理是文化价值观通过社会化和内化过程，将之融入个体的人格系统里，影响并改变微观动力主体的需要结构，从而使动力发生变化。马克斯·韦伯在《新教伦理与资本主义精神》一书中指出，许多研究社会动力的社会学学者都认为文化尤其是宗教是社会成员行动的内在动力，实际上宗教只是作为一种动力传导而非动力本身[1]。任何社

---

[1] 郑杭生. 社会学概论新修[M]. 3版. 北京：中国人民大学出版社，2003：40.

第七章　胜景：我国青少年体育参与动力机制建构

会的文化都有主文化、反文化和亚文化之分。一般而言，主文化传导正向社会运行动力，而反文化总是传导逆向社会运行动力[①]。在通过文化传导青少年体育参与动力时，不仅要发挥主文化传导的正向作用，杜绝反文化的逆向作用，同时要注意发挥亚文化的功能。体育文化属于亚文化范畴，是关于人类体育运动的物质、制度、精神文化的总和，大体包括体育认识、体育情感、体育理想、体育道德、体育制度和体育的物质条件等，它是一种跨度很大、综合性很强的文化类型，严格地讲属于智能文化和规范文化之中，但它所带来的物质和精神财富不容忽视，作为一种独立的文化形态，它的作用是其他任何文化形态所不能取代的，甚至其他文化形态的发展也需要从体育文化中借鉴、迁延某些具有特质的东西。因此，体育一旦成为当代文化的重要组成部分，其存在和发展将有助于完善和健全社会文化，有利于人类自身的协调和发展[②]。

当前我国社会没有崇尚体育文化的氛围，在对待青少年体育的问题上，虽然国家政府非常重视，但是在关乎千家万户国民利益的人才选拔制度安排上，体育的分量微乎其微甚至没有，难以把动力传导下去，从而形成合力来实现国家体育目标。除了政府部门认为应该重视体育在育人中的价值外，几乎所有的青少年都认为自己的进步和发展需要考高分，升入高一级重点学校，几乎所有的家长都认为孩子应该考高分，升入高一级重点学校，关乎家庭的未来，几乎所有的学校负责人都认为学校的发展就是提高升学率，就连以教授体育为职业的体育教师也认为体育不受重视，没有出路，言语中流露出对职业的不满和对前途的无奈。政府负责人处在社会的高层，青少年难以接触到，他们日常能经常接触到的是校园和家庭的成员，遗憾的是能经常接触到的大多不重视体育。

当前青少年的人格系统里，都被高分和升学内化，从而改变青少年的需要结构，使孩子们天生需要体育的天然动力转移。我国社会离崇尚体育文化，通过体育完善社会文化和促进人类自身协调发展的价值理想还有着不小的距离。

[①] 郑杭生.论社会主义条件下的主文化与反文化[N].人民日报，1991-05-09.
[②] 卢元镇.体育社会学[M].2版.北京：高等教育出版社，2006：142-145.

（三）信息传导

信息作为动力传导媒介，是指某一动力主体将动力以信息的形式传给另一个动力主体。例如，广播、电视等的宣传，将某政府或集团的政策、意图告示于广大民众，使之为该政策服务、效力[①]。通过附录 E 中访谈可知，政府和学校体育负责部门主要靠宣传，采用文件、广播、报纸等形式来宣传体育的价值，而体育教师和家长主要靠口头来影响青少年参与体育活动，宏观层次动力主体认为宣传效果不明显，家长谈到孩子不听从说教。政府和学校体育负责部门应利用青少年受众较大、喜闻乐见的新媒体形式来引导孩子，城市可以采用网络、博客、微博，农村欠发达地区可以采用图文并茂、故事性质的画册、标语来使孩子在潜移默化中接受体育的价值，家长和体育教师应克服填鸭式的说教，在青少年体育参与中，扮演好榜样者、引导者、陪护者的角色。

第三节　青少年体育参与动力机制功能

一、动力机制功能体现

社会运行动力机制的功能是为社会良性运行提供适度动力，青少年体育参与的动力机制的功能就是让青少年体育参与有源源不断的适度动力，那么其功能体现在具象层面也就是适度动力的体现。青少年在体育参与中，有了源源不断的适度动力便可以形成兴趣，促使其不间断地参与其中，养成体育习惯，把体育参与融入自己的日常生活方式之中，即为两种标志：养成终身体育习惯和日常体育生活方式。

二、适度动力的度量

给青少年体育参与提供适度动力是青少年体育参与动力机制的核心，也是

---

① 郑杭生.社会学概论新修[M].3 版.北京：中国人民大学出版社，2003：39.

第七章　胜景：我国青少年体育参与动力机制建构

落脚点，那么如何界定适度动力呢？适度动力是对动力状态的一种描述，如前所述，是相对于动力过度和不足来讲的，这里的"适度"也只是定性描述的一种度量，包括两个判定的维度指标：一是向度，也即动力方向；二是量度，也即动力大小和强弱程度。

（一）向度

向度，也即动力方向，指提供的动力与青少年体育目标的一致程度，直接关系到动力主体的动力性质，从这个意义上讲，评定动力向度是否适度，首先，要看它是否与青少年体育参与的总体目标相一致。对于我国的青少年体育政策来说，坚持增强体质、增进健康，促进青少年全面发展，不断满足青少年的体育需求，促使其成长为社会主义现代化建设人才的动力，都可能是适度的正向动力，相反的动力则是逆向的反动力，阻碍青少年健康成长。其次，向度还与提供的动力大小有关系，即过度或不足。在一定的外部环境条件下，与我国青少年体育总体目标相一致的动力如果过度，则可能物极必反，可能出现动力方向的逆转。例如，前些年武校盛行，部分青少年受青春期生理特征和大众传媒的影响，对习武表现出过度的动力，在缺乏监管和引导的情况下，走向危害社会、危害他人的境地。

（二）量度

量度，也即提供给青少年体育参与动力的大小和强弱程度。衡量量度是否适度，主要看青少年对体育需要的满足感和个人全面发展及社会秩序，前者是主观评价，后者可客观判定。青少年正处在人生关键的成长期，他们对体育的需要和全面发展互为条件，辩证统一，从人生历史长河来看，青少年体育参与的动力是否适度，主要是看个人体育需要满足和全面发展的关系。当体育需要过于强烈，对从事体育所需的物质、制度、文化环境要求就越高，对全面发展的期待值也就越高，势必影响智育、美育、德育等其他方面发展，同时现实社会的体育需求及全面发展满足物也是有限的，甚至在特定时期和地点是匮乏的，过度的欲望不可能得到全部满足，就会产生挫折感等不良情绪，非安定因素就会增多，加之影响了其他教育类型的需要，也会阻碍青少年的全面发展；相反，如果片面强调社会秩序稳定，强调智育代替全面发展，就会造成体育需要过度不足。青少年体育参与严重不足，表面上是影响青少年的身体健康，导致身体素质下滑，进而延伸至整个民族的整体健康水平下跌、社会医疗开支增加、劳动效率低下，严重制约着国家人力资本的质量。在深层次意义上会降低社会的组织化程度，使社会零散化、碎片化，缺乏积极向上的拼搏精神、公平竞争观念团队协作意识等，进而导致民族的自信心和凝聚力下滑。

由良性运行的体育参与动力机制提供的适度动力可以解决上述问题，既满足了青少年体育需要，又满足了其全面发展和社会秩序，它将三者很好地协调起来，在满足青少年合理体育需要的基础上促进青少年全面发展和良好的社会秩序，在社会稳定有序和全面发展的要求下，来满足青少年的体育需要。

第四节 青少年体育参与动力机制运作过程手段

社会运行动力机制运作过程是围绕提供适度社会动力展开的，在这个过程的每个环节中，必须采用相应的手段来保证动力机制给社会提供的动力是适度的，从而避免动力不足或过度对社会运行造成的障碍。社会运行动力机制由动力源开发、动力转化、动力培育、动力分配、动力监控反馈5个环节组成[①]。青少年体育参与动力机制运作过程即为青少年体育参与提供源源不断的适度动力，以促使青少年不间断地参与其中、养成稳定的体育习惯、形成体育生活方式为目的。在这个运作过程中，也需要采用相应的手段来保证构建的动力机制提供给青少年体育参与的动力是适度的，而不能是过度或不足的。根据青少年体育参与的实际情况，其动力机制主要由动力源开发、动力转化和动力监控反馈3个重要环节构成。

一、动力源开发：满足3个层次动力主体的合理需要

动力源的开发也就是人们内在需求的开发。人们需要越是强烈，则个人参

---

① 郑杭生. 社会学概论新修 [M]. 3 版. 北京：中国人民大学出版社，2003：40-41.

第七章 胜景：我国青少年体育参与动力机制建构

与社会活动的积极性越高；人们需要越是广泛，参与各种社会活动的可能性就越大。适度动力原则要求人们的需要保持在一定限度、一定范围之内并具有正确方向，也就是说，需要应是合理的。合理需要有以下几个特点：第一，合理需要是生产力水平相适应的需要；第二，合理需要是社会需要、群体需要、个人需要互为手段、互为目的的有机统一；第三，合理需要是以按劳分配、劳动致富的方式来满足的需要[①]。适度动力要求对于合理需要应积极开发，以扩大社会运行的动力源，对不合理需要则应加以某种限制或改造。

针对青少年体育参与的动力源开发来说，准确找出 3 个层次动力主体的合理内在需要并积极开发就成为这个环节的关键点。引导青少年体育需要成为合理的体育需要，可以采用激励、利益传导、文化内化等手段。激励手段是通过建立激励机制，促使青少年内在体育需要与体育价值观、体育目标相吻合，保证青少年体育参与动力方向的合理性，有适度的向度。

利益传导、文化内化属于动力传导媒介，青少年体育参与动力机制中 3 个层次动力主体之间动力传导的过程，也是不同主体需要互相调整以达到互相适应、协调统一的过程。在通过利益传导体育动力时，要遵守最近优势需要原则。"最近优势需要"是当下众多层次需要中最急需的需要层次。青少年个体需要中，有着众多层次的不同需要，但其中的最近优势需要支配着青少年的意识，决定着他们的行动。作为宏观主体的国家政府，可通过利益传导，将体育分配到青少年的最近优势需要上去，满足他们的最急切需求，从而使微观个体、中观群体和宏观国家政府的动力传导互相适应，协调统一。

文化内化手段和利益传导的模式不同，它通过使青少年内化某种体育价值观、思想目标，从而调整青少年的需要结构。国家政府通过政策宣传、大众传媒、体育教育、体育赛事等方式，将国家对体育的整体需要上升到主流体育价值观的水平以得到最广泛的认同，然后逐步内化到青少年个体和群体成员的心理中，使内化后新的需要结构及最近需要和国家政府保持协调一致。

开发青少年对体育的合理需要，可以是高层次动力主体——国家政府对

---

① 徐伟新. 社会主义社会发展动力论 [M]. 北京：中国社会科学出版社，1990：4-6.

青少年体育参与动力机制

低层次动力主体——群体和个人需要的开发,也可以是各层次动力主体对自身需要的开发,但彼此之间不能相互代替,只能靠动力传导媒介进行动力传导,找到共同契合点后达到整合。由于体育参与的动力源产生的动力是最基本的动力,如果动力不足,青少年体育参与状态欠佳,应着重检查3个层次动力主体的合理需要是否被充分肯定和开发,或被漠视和抑制。当前我国青少年体质健康状况不容乐观,体育参与严重不足,我们应从这个角度认真反思。

当前青少年参与体育活动的过程中,有没有动力源?这种动力源产生的原动力是否得到正常发展?3个层次动力主体的需要是否统一?若不统一,作为微观层次的青少年个体需要什么?作为中观层次的学校和家庭需要什么?作为宏观层次的国家政府又需要什么?它们之间有没有契合点?等等诸多问题亟待解决。

问:我们每个人要想存在和发展都必须有自身的需要并满足,国家政府也有自身的需要,如社会主义中国的宏观需要一方面是寻求稳定与发展的和平环境,维持社会主义体制的存在;另一方面是满足人民群众不断增长的物质文化需要。您作为学校管理者,认为学校要想存在和发展,需要满足什么条件?如何来满足这种需要?我们是通过什么方式把这种需要传导给老师、学生、家庭的呢?假如学生参与体育活动影响了升学率,您对此有什么看法?

政府教育、体育部门负责人:我市教育局是国家机构,不存在生存问题,但是要想发展进步,需要不断把上级教育部门、市委市政府下达的任务办好,超出其他地市,办出特色,树立标杆,全方面地促进教育事业发展,把教育融入育人的高度,使我市的学生学习好、身体好、思想好,全面发展,不仅仅有较高的升学率,而且有良好的思想品德、精神风貌和健康的身体,体育在这里面很重要。那就是思想上放到育人的高度,行动上提供给青少年最优越的教育环境[①]。

城市学校A管理者:公办学校不存在生存问题,不是学校考虑的问题,私立学校存在生存问题。公立学校只是如何提高学校知名度,多招好学生、尖子

---

① 根据对某市政府教育、体育部门管理者访谈录音记录整理。

第七章 胜景：我国青少年体育参与动力机制建构

学生，改变生源质量、人数，提高升学率。对于初中来说，二三十个学生考上重点高中或者更多，就能发展。但是如果学校出了一个体育方面的全国冠军，没有用，如果是考了多少重点高中、重点大学，家长会主动把孩子送过去。这还是应试教育为主要。

抓教学，提高教学质量。学校不是忽视了体育教学、体育锻炼，而是家长不重视。从学校角度来说，虽然中招考试体育占35分，但是分值较小，学生可以通过突击训练达到这种分值。中学生有个综合素质评定，只是纸上谈兵。如果真得落到实处，学生在考高中时，如果按综合素质评定的成绩来录取，就会从根本上改变。综合素质评定没人看，评定低的，只要考试分数高，照样录取。应试教育不改变，所有的问题都难以解决。

农村学校A管理者：对于农村教育来说，想发展壮大，很困难。对于特色性的学校来说应该是一条路子，我们这的私立学校比较好，公立学校不太好。需要提高升学率，社会群众都在监督着。校舍外貌破破烂烂的，和一些好的私立学校没法比，有些家长认为学校外貌好，教学质量就好，其实他们看的是表面，不是内在。对于我们学校来说，首先是追求升学率；其次是办特色学校，吸引更多的学生，让家长对学校有重新认识。

农村体育教育不行，连正常的教师服装都没有，怎么谈到发展？我作为抓体育、教体育的副校长，学校领导班子也一直想办出体育特色，把体育搞上去，但是心有余而力不足。

农村经费奇缺，正常活动经费都没有。学校举步维艰，要想发展特色走出去，就要改革，改革就要面临倒闭的危险。体育作为重头戏，更难。这里面社会因素是一方面，学校决策者是一方面，上级指挥棒是一方面。如果说今年考学体育100分，超过语数外，家长肯定让练，校长让练，体育教师有时间，现在是体育的正常上课时间都被语数外占去了①。

城市学校A体育教师：我们从师范类学校毕业后，需要适应学校环境，需要继续教育，拥有新观念。在教学过程中改变教学方式、方法，从备课来说要

---

① 根据对某学校管理者访谈录音记录整理。

青少年体育参与动力机制

有所创新，因为学生是不断成长的，要因材施教。

农村学校A体育教师：没啥需要吧[①]。

城市A家长：家里想发展，得有钱啊，同时孩子要争气好好学习，考个大学，找份稳定工作，将来才有出息。我觉得还是应该以课业为主，大把时间用到体育活动上不值得。

城市B家长：第一是物质层，必须具有维持家庭运转的最低物质基础，衣食住行，经济允许的话会步步提高；第二是精神层面，家庭应该互相尊重、和睦、和谐。这两方面就够了，孩子健康成长、幸福生活就行，拥有体面的工作、健康的身体、和谐的家庭。她自己可控制的地方让她努力去做，小孩的任务就是学习，从学校、书本、家庭、朋友学，家长力所能及的创造良好的氛围，主要还是家庭的言传身教，力争上好的学校。

我也要求她锻炼。这个度很难把握，大部分人都处理不好，肯定每个家庭都有自己不同的方式，还是多个领域，如健康的领域也体验体验，由家长带着。

农村A家长：家里得有钱啊，上有老，下有小，不容易。我没想过那么多，我现在就是四处跑着挣点钱，家里只要没病，有饭吃就行了。至于孩子，我想让他好好学习，将来考上高中，考个好大学，以后在城里找个好工作，不在农村当农民了，可是他就喜欢打球，学习不咋样，球打再好有啥用，能考上大学？能找到好工作吗？能有人给你钱花吗？小孩根本不懂，将来考不上学，没工作没钱，还得在家种地，多辛苦啊。我想他出去打球就肯定占用时间和精力，肯定没时间学习功课，以后我得看住他，不让他出去，就在家看书。

农村B家长：家庭要有钱，现在是上有老下有小，花钱的地方很多，没这个怎么发展。另外，孩子的任务就是学习，干好自己的事情，家里再困难，学习上全力给予她支持。经常言传说教吧，多给他讲农村、农民的不容易，让他多学习，还得靠自己[②]。

---

① 根据对某学校体育教师访谈录音记录整理。
② 根据对某市学生家长访谈录音记录整理。

第七章 胜景：我国青少年体育参与动力机制建构

城市学校 A 同学：想进步那肯定得学习好吧，认真听讲，多做题，考得分高，将来考上重点高中。体育我觉得与我进步没啥关系，只是好玩，和小朋友一块玩体育活动比较高兴，没约束。

城市学校 B 同学：我想考高分，好好学习吧，将来考上重点高中。那就只有听老师和爸妈的，体育我觉得与我进步没啥关系。

农村学校 A 同学：学习吧，不好没啥意思，玩吧，打球吧，我觉得也是当时有意思，想想对以后发展没用也没啥意思。

农村学校 B 同学：进步不就是学习好啊，我学习也不是很好，感觉干啥都没劲，想想学习也没啥用，体育更没用[①]。

通过附录 A 中访谈可知，在青少年体育参与中，3 个层次动力主体均有动力源，但体育参与的原动力并未正常发展，因为 3 个层次动力主体的需要虽然有重合点，但并不一致。青少年需要考高分和升学，同时又受天生爱动的天性、对群体交往原始的依赖、对身体健康的模糊认知而需要进行体育活动；家长需要家庭运转的物质基础，家庭成员和睦和谐，孩子学习好、身体好、未来工作好、家庭好；体育教师需要接受新的体育教育，促进升学，学校体育负责人需要提高升学率，走特色办学道路；政府部门需要贯彻国家教育方针，培育全面发展的青少年。

从理论层面分析来看，这 3 个层次动力主体的需要有一定的重叠，有着统一整合的可能。一是 3 个层次动力主体都有让青少年考高分和升学的需要，二是都有使青少年参与体育活动的需要。可以看到，前者是单向的从上至下的学习考试动力传导，依靠的是关乎千家万户切身利益的人才选拔，从而整合成巨大的合力，来实现国家的教育目标，后者体育动力的传递是双向的，不仅仅有政府从上至下的升学考试动力（采用将体育纳入升学考试科目，也是采取关乎千家万户切身利益的做法，但是由于分值较小，比重较轻而不受重视，造成动力不强且容易中断），还有青少年个体从下至上的体育参与动力，这种动力是青少年自身的强烈需要。

---

① 根据对某市学生访谈录音记录整理。

既然理论层面的分析，3个层次动力主体的需要有着两种重叠和整合的可能性，但是为何现实中青少年考高分和升学如此强势？而青少年参与体育活动如此弱化呢？原因有以下几个方面：第一，考高分和升学有着巨大的利益，在现行国家人才选拔制度的前提下，关乎青少年个人未来的命运，关乎家庭、学校未来的发展，关乎国家人才的质量，因此，受到各层次动力主体的重视。第二，体育参与需要，对于青少年来说是最近优势需要，但是对于家庭和学校的发展来说，并非最近优势需要。学校和家庭把他们的需要传导给青少年，限制了青少年最近优势需要的动力。虽然身体健康也关乎国家人才的质量，但由于实行以文化课考试为主的智育来选拔人才的高考制度，这种对"健康人才"需要的动力传导给中观层次的家庭和学校，他们从中难以分到任何利益而动力微乎其微。要想破解青少年参与体育活动的难题，就必须满足中观层次动力主体的利益需要，让体育需要融入他们的需要结构中去，否则就是宏观的体育动力下行至中观被搁置，微观的体育动力上行至中观被压制而逐渐使得宏观体育需要成为口号，微观体育需要逐渐消失。

因此，在动力源开发中，要坚持抓住3个层次动力主体需要的交汇点，同时满足他们的需要。从长远来看，国家应改变对人才的单一评价标准，从"注重考试"逐步转向"全面发展"，并突出体育在全面发展中的重要地位；从现阶段"注重分数"的大环境来看，应加大体育在升学考试中的分值比例，通过突出体育在考试中的重要作用来满足不同层次动力主体的需要。在从"注重体育在考试中的地位"逐步转向"突出体育促进人全面发展的价值"过程中，在对体育功能的认知方面，应强化青少年对体育可以促进强身健体和全面发展的认识，培养青少年正确的体育功能观；在青少年自身的运动基础方面，要培养体育参与的兴趣和意志力，让他们既能享体育的乐，又能吃体育的苦；在同伴影响方面，既要关注身边体育榜样的影响，更要注重发展体育同伴关系的带动作用，从而逐步地促进青少年主动参与体育活动。

二、动力转化：潜在形态转化为现实动力和体育行为

合理需要只是动力潜在形态。动力转化环节就是要将潜在动力转化为现实

第七章 胜景：我国青少年体育参与动力机制建构

动力，转化为实现需要满足物的社会行动。由需要到社会行动之间，有一个复杂的转换过程，构成"需要—行动"链条。个体层次的"需要—行动"链条：需要—欲望—动机—目标—社会行动。中观、宏观动力机制的"需要—社会行动"链条：需要—目标—决策—社会行动[1]。

问：您认为学生们参与体育活动不足的原因有哪些？它们之间有什么内在关系？

政府教育、体育部门管理者：首先我觉得我市学生体育参与还是不错的，至于你提到的不足可能是在别的地方调研的结果，我也去过外地考察，确实有不好的地方，我想主要有以下几个方面：一是家长的原因，现在的独生子女较多，家长对孩子偏爱，希望孩子干大事，干大事的前提在中国就是考上好大学，那么高考不考体育，家长就想让孩子所有的时间都用来学习考试的科目，体育当然就被搁置，另外体育有一定的潜在危险性和伤害可能，家长从孩子健康考虑，阻止避免。二是学校的原因，在整个教育体系的安排上，体育都处在边缘薄弱的位置，都在追求升学率。三是社会环境，现在的孩子课余时间被购物、电子游戏、电视电脑、音乐电影、玩手机等占据，尤其对于辨别能力不强的孩子来说，完全被吸引进去。四是现在的孩子，可能就是时代不同了，物质富裕了，他们普遍怕苦、累、脏，不愿意动，死气沉沉[2]。

城市学校 A 管理者：第一，从宏观层次来讲，根本问题主要是体制问题。体制问题就是学生在校园里出现伤害事故的解决办法，不解决，根本改变不了目前状况。第二，就是独生子女造成的这种现象。以前都是兄妹几个，平时参与活动，游戏比较多，不受家长限制。现在如果学生在校内，即便正常的上课、走路，出现伤害事故，学校的责任很大，赔偿不起。所以对于体育老师或者学校来说，有可能导致学生伤害事故的项目一律杜绝开展。以前到春天，会组织郊游之类，现在没人敢组织，层层上报批准。因为独生子女家长对孩子的溺爱，担心孩子出现伤害事故。

---

[1] 郑杭生.社会学概论新修[M].3 版.北京：中国人民大学出版社，2003：41.
[2] 根据对某市教育、体育部门管理者访谈录音记录整理。

青少年体育参与动力机制

学生课业负担比较重，是大环境造成的，并不是某个学校、某个个人造成的。独生子女的问题，都不愿意输在起跑线上。

要想改变现状，最重要还是招生、考试的大方向，如果改，问题迎刃而解。指挥棒不改，下面想改很难。中考考体育是为了应付考试而考试，是为了得这个分而去考试，属于被动性、应试性的，不是主动性的，这种短期行为对于学生锻炼也有好处，但是突击性的，不可能使学生从初一甚至从小学开始锻炼，脱离不了应试教育的指挥棒。

农村学校 B 管理者：一是兴趣问题，根据多年经验，想让学生达到健康的目标，就必须提高学生兴趣。如果一贯按照竞技方面的体育练习，不行，太枯燥。农村没场地没器材，如何提高体育？就搞一些追逐跑练习、小型竞赛性的体育活动。例如，踢足球，在场地两边简单设立两个门，谁踢进谁赢，搞一些简单的俯卧撑奖惩措施。学生很有兴趣，动起来就活动了，活动就健康。农村教育应该转轨，这样学生参与的积极性才能提高。

课业负担问题，前年我带学生到县城参加比赛，在比赛时家长突然到比赛场地把孩子领走了。可是比赛人员是规定好的，三人制篮球赛，五个人都要上场，每个人 10 分钟，不到 10 分钟算输。农村家长对教育体制不理解，对孩子身体健康认识不足，他认为孩子认真学习就可以了。

在考学方面，学习好的可以考好的学校，好的专业，其实体音美好的也一样可以考好的体育、音乐专业性学校，但是农村人认识不到，这源于社会因素，受传统文化影响比较深。

从这么多年观察，体育生考学后没有出路，1997 年以前，如果考上体育院校，毕业后可以有固定工作。现在呢？农村人培养一个孩子投资那么大，如果毕业后出路不好，这是家长不愿意看到的[①]。

城市 A 家长：他其实参与很多。

城市 B 家长：家长督促不够，小孩兴趣没有培养起来，再一点其他活动分走了其精力，也占用时间，还有小孩不爱吃苦。吃苦是对自身的一种挑战，他

---

① 根据对某市学校管理者访谈录音记录整理。

第七章 胜景：我国青少年体育参与动力机制建构

理解不了这些。学校也有责任，活动内容不丰富，在课堂上学的东西没有让他很有兴趣地练下去，从来没有任何一个学校硬性规定作业必须有体育，如跳绳300下等。

农村 A 家长：他其实活动还是挺多的，不能说不够。他自己爱玩，从小就爱动，坐不住，天天有人喊他出去玩，打球。在学习方面，我和他妈督促不够，也管不了，放学回来一问他学习的事情就是作业写完了，出去玩会。问问学校的事情，就是体育老师今天喊他打球了，教他个什么动作，从来没说过文化老师喊他学习、做题了，学校天天教小孩跑步、打球有啥用呢？

农村 B 家长：他自己小时候爱玩，后来有点胖，有点懒，也不想跑出去玩了。家长也没督促他，小孩兴趣没有培养起来，现在孩子也不能吃苦。学校也没人督促体育这件事[1]。

通过附录 B 访谈可知，当前青少年体育参与不足的原因有很多，但是最直接表现为缺少体育行为。在大多数青少年天性爱动的刚性前提下，也就是说有强烈体育需要的情况下最后没有转化为体育行动，原因何在呢？事实上个体层次的"需要—行动"链条：需要—欲望—动机—目标—体育行动，看似是一个心理机制，但也不是单纯的心理过程，在从需要到行动的过程中，体育体制、人才选拔制度、社会文化等外在社会环境条件起着重要作用。在这个链条中，体育欲望是青少年对自身内在体育需要的自觉意识，也就是意识到的体育需要才能产生体育欲望，它才得以在复杂的体育需要结构中占有一席之地。另外，青少年内在体育需要有意识到的，有意识不到的，有最近优势需要，有较远劣势需要，那些意识不到的和意识到但较远的劣势需要是可以转化为潜在形态，在"需要—欲望"环节中被暂时搁置下来，但并不是意味着它永远无法走向前台。

体育欲望也可能脱离体育需要的现实条件，超出现实可能竖起的藩篱，发生体育欲望过度膨胀现象，这将导致前文所述的体育参与动力过度，影响青少年的全面发展和社会秩序的稳定，应对体育欲望进行节制。青少年体育欲望满足不是简单地通过大众传媒了解体育信息，观看他人从事体育活动，做疯狂追星的体育

---

[1] 根据对某市学生家长访谈录音记录整理。

青少年体育参与动力机制

迷等行为，从而对当下社会中的体育情景适应就可以实现，必须要有一定的社会认同，借助一定的场地器材，掌握一定的运动技术。青少年个体在经过"需要—欲望"之后形成参与体育活动的想法就是体育动机，任何一种动机都是指向某一目标，体育参与动机也不例外，它也有自己特定的体育目标，即青少年体育需要与满足需要的事物在青少年意识中的结合物，它可以是预期设定好的，也可能会在体育行动中发生改变和调整，既具有预先规定性，又具有一定的灵活性。有了既定的体育目标，就会促使青少年产生有目的的体育行动。

当前青少年体育参与的合理需要，能由潜在形态转化为现实动力和体育行为吗？

问：您对学生们参与体育活动有什么看法？

城市学校 A 体育教师：我上课时，会想一切办法让学生参与到体育当中去，男生爱足球篮球，女生让她参加一些活动。

农村学校 A 体育教师：希望学生身体素质过硬，不需要初中生技能特别高，能按要求达到一定标准即可[①]。

城市 A 家长：我觉得进行体育活动有好处啊，可以促进孩子身体健康，少生病，但是不能总去跑着玩，还是要好好学习，做好作业。

城市 B 家长：希望越多越好，因为不活动肯定不行，经常感冒，身体不够健康，除此之外，暂时没想到通过体育培养孩子别的方面的素质。

农村 A 家长：小孩，都爱玩，天天都是成群结队地跑。我不太支持他打球，每次回来天都黑了，弄一身汗，脏得不得了，又是洗衣服又是洗澡，饭都顾不上吃，有一次还把脚崴了，有一次几个人一块打架，你说图啥？还想着没事在家帮忙干点活，在学校或者回来好好学习，把作业写好，如果他写作业学习，我们再累也不让他干活。

农村 B 家长：希望孩子参加体育活动，他身体不好，其他也没啥多想的[②]。

---

① 根据对某市学校体育教师访谈录音记录整理。
② 根据对某市学生家长访谈录音记录整理。

第七章 胜景:我国青少年体育参与动力机制建构

通过附录 B 访谈可知,城市和农村中参与体育活动较好的青少年,家长持中立或支持态度,但要求不能耽误学习,体育教师支持且共同参与,班主任支持,同时担心安全;城市和农村中参与体育活动较差的青少年,家长对其是反对或中立态度,更加关注学习及担心受伤,体育教师处在中立态度而班主任强烈反对。学校负责人都支持开展体育活动,但是受限于时间、场地器材、伤害事故等制约而举步维艰。

在青少年个体层次上,产生体育动机和体育目标是体育参与动力机制的重点,体育动机的形成是青少年个体内在条件——体育需要、体育欲望与外在社会环境系统——体育体制、人才选拔制度、社会文化等相互作用的结果。根据个体层次的"需要—行动"链条,在"需要—欲望"的过程中没有遇到什么问题,但是在"欲望—动机—目标—体育行动"的转化过程中,青少年参与体育活动缺乏一定的社会认同,受限于场地器材、运动技术、同伴关系等,难以满足体育欲望,从而难以形成进行体育活动的想法即体育动机,体育目标也就模糊不清,最终难以产生体育行动。

根据需要层次理论,激发青少年体育动机,就是要开发青少年意识到的体育需要并通过体育条件来满足这些需要。例如,通过青少年在体育运动方面的天赋来满足青少年多种需要,如自身尊重的需要,并将满足需要的不自觉变成自觉过程,体验体育运动对于自身的重要意义,增强其体育动机,更加积极主动地参与到体育活动中。同时还应根据青少年的心理年龄特点激发和培养体育活动动机,利用逆反心理来强化好奇心或兴趣,利用争强好胜心理来培养成就动机,利用易受暗示心理通过权威来增强体育活动动机[①]。

青少年体育参与动力机制中微观动力主体的动力转化理应是青少年已有天然的强烈体育需要,体育欲望处在活跃状态,可能并不一定符合自身的全面发展和社会秩序的稳定,并且大多数要求自身的单独满足,甚至还处在膨胀状态,需要学校、家庭、社会对其进行调节,使之成为社会认可的目标。外在社会环境系统的弹性越大,社会认可的目标就越广,青少年通过追求体育目标进

---

① 漆昌柱.青少年体育运动动机的激发与培养[J].青少年体育,2012(1):7–8.

青少年体育参与动力机制

而产生体育行动来满足自己的体育需要，正是以外在社会环境系统为手段和保障。所以，应该破解哪些外在社会环境因素压抑了青少年内在体育参与动力，从而导致没有正常得以释放，继而转化为现实动力和体育行为。

处在中观、宏观位置的家庭、学校和政府"需要—社会行动"链条：需要—目标—决策—体育行动。宏观层次的政府有体育需要，有清晰的教育目标和体育规定，在"需要—目标"的过程中也没有遇到什么问题，但是在"目标—决策—体育行动"的转化过程中，在决策环节的制度安排上，明显不利于教育目标和体育规定的实现。中观层次的学校和家庭，两者都追求各自的发展目标，虽然都有对体育的需要，但是这种需要遇到最近优势需要——升学的巨大利益时，就会在决策环节被暂时地隐藏起来，难以产生体育行动。

中观的青少年群体主要包括学校和家庭，两者都各自追求彼此共同的体育目标，以满足家庭、学校的整体体育需要。作为中观组织，它们体育目标的实现由多个不同的人共同完成，必须做好决策，即事先规划好体育活动的时间、场所、步骤、遇到的问题和解决办法等，随后的整体体育行动则是对决策的贯彻执行，体育行动结果反馈可使决策者调整学校或家庭的需要；宏观动力主体的国家政府也有自身的体育需要，从生存和发展的角度看，社会主义中国的宏观需要就是一方面寻求稳定与发展的和平环境，维持社会主义制度的存在；另一方面在经济建设取得巨大成就之后，就要加快转变发展方式，以人为本，关注民生，更大更深更广地满足广大人民日益增长的物质与文化需要。那么，在这两大方面中，体育都可以为国家做出自己的贡献，一是体育的外交功能和军事功能，外交功能主要体现在作为世界通用的肢体语言，往往能在国家交往中起到开路石和黏合剂的作用，给国家之间破除坚冰和沟通了解起到不可替代的外交效果；军事功能主要体现在对军人身体素质和团结一致作风的塑造，军队是捍卫国家主权、维护和平环境的坚强堡垒，军人的身体素质和团结一致的作风对于战斗力来说至关重要。二是体育特有的民生本色，当前逐渐富裕起来的国人，已过了吃饱穿暖就很满足的年代，有了较多的余暇时间，对精神生活要求较高，体育是积极健康的生活方式，是闲暇时间的最佳选择。当今社会在高科技的推动下，快节奏、高速度、强压力的生活方式逐渐成为人们"文明病"

的凶手，不良的生活方式导致越来越多的亚健康人群，党和政府提出关注民生，体育直接服务于人的身体健康，调节着人们的精神，和国家导向可谓天然契合。中观、宏观动力主体的体育动力由潜在转化为现实形态，是否适度取决于决策过程，一旦失策，将会影响整体的运行。

因此，体育参与动力在从潜在形态转化为现实动力和体育行为的过程中，还是要正确认识体育在满足国家政府需要和人自身发展需要中的重要价值，同时采取相应的制度保障价值的实现。例如，提高体育的社会地位，现阶段要继续加大升学考试体育的分值，培养青少年的体育生活方式，让体育融入他们的日常生活中。在大众传媒方面，要注意大众体育宣传导向，不仅要关注全球重大体育赛事和精英运动员，更要瞄准普通大众参与体育活动，普及大众科学健身知识。对体育明星宣传报道时，偏重激起青少年的模仿欲，让他们在体育明星的感染下，主动参与体育活动。在家长体育习惯方面，应该转变观念，树立正确的教育观和人才观，培养家长尤其是母亲的体育习惯。在体育教师方面，要培养对学生的亲和力，让学生能够"亲其师，信其道"，同时提高组织学生参与体育活动的能力。在体育课内外融合方面，要丰富体育课内容，传授一些运动项目的技术技能，通过学习运动技术技能来培养意志力和兴趣，让青少年的体育兴趣、意志力和技术技能习得互相融合，有学习后的满足感。同时要重视开展相对自由度较高、关注学生兴趣和爱好的课外体育活动。在体育设施及时间保障方面，加强体育设施尤其是体育课设施建设。学校及家长要给青少年尤其是城市学生减负，让他们拥有充足的课余时间，根据自己的兴趣，参与体育活动。

三、动力监控反馈

反馈环节是指整个动力机制的结果对动力机制运作产生影响的过程。经过动力源的开发，动力转化、培育、分配等环节的动力机制是否给社会运行提供了适度动力？其中每个环节的状态如何？整个动力机制是否良性运转？这些问题必须通过反馈才使得动力主体获取有关信息，从而使动力主体对自身动力产生过程做相应的调整①。只有有了评价，方能对预期目的是否实现进行检验，青少年体育参与动力机制的动力监控反馈标准就是能否给青少年体育参与提供适度动力，可持续地推动其参与其中，达到一个良性的动态平衡的运行状态。

动力源开发的监控反馈应该放在3个层次动力主体的合理体育需要的满足上；动力转化的监控反馈，针对微观动力主体，应对意识到的最近优势需要进行监控，确保这个环节顺畅。在体育欲望向体育动机、目标、行动过渡的过程中，引导一定的社会认同，提供一定的场地器材和一定的运动技术支持。针对处在中观、宏观位置的青少年群体和国家政府，力争使体育动力由潜在形态转化为现实形态，要对决策进行监控反馈。

第五节　小结

青少年天生都有体育参与的需要，体育参与动力有"需要—满足"的可持续发展特性。在动力主体方面，微观层次的青少年个体在3个层次的动力主体中占据最为关键的地位，他们天生爱好活动，均有想参与体育活动的天然动力，但是由于在成长中遇到支持、引导、中立或压抑而发展迥异，即使支持的家长也都表明不能耽误孩子的学习，家庭支持应该遵从"思想—沟通—行动"的逻辑顺序。中观层次的青少年群体成员主要是家长、体育教师和学校体育的负责人。家长均需要物质基础，且城市家长还希望和睦协调的家庭成员关系；均需要孩子考高分升学，不同的是农村家长更加强烈且有唯一特性，而城市家长体现出多元化需要。不论是追求物质还是孩子升学的需要，由于体育不是必需的满足物而难以受到重视。但是，城市家长追求和睦协调的家庭成员关系及对孩子成长多元化的需要，体育是满足物的重要组成部分。城市体育教师有一定的体育动力，作为宏观层次的国家政府及中观层次的学校应作为利用主体，把这种需要引导到实现学校和国家体育目标上来，同时也应培养农村体育教师

---

① 郑杭生.社会学概论新修[M].3版.北京：中国人民大学出版社，2003：42.

第七章 胜景：我国青少年体育参与动力机制建构

的职业发展需要。学校负责人有极强的提高升学率的动力，而体育由于分值小而难以分到一杯羹，农村学校还存在生存问题，就产生了走特色办学的需要，体育特色是较强需要，然而受经费和农村经济整体薄弱的困扰，难以梦想成真。因此，从长计议，要想让学校有体育需要，只有改变以升学率论成败的评价模式，才能真正实现素质教育、全面发展的教育目标；从现阶段来看，应加大体育科目在升学考试中的分量。农村学校走体育特色办学的需要，符合国家教育对人才素质全面化、个性化、多元化的要求，同时在学校体育如此边缘化的情况下，有一定的拯救意义和示范价值，应扶持这种需要，解决他们的困难，引导到合理的发展轨道上来。宏观层次的国家政府，应该根据对体育的强烈需要，通过动力传导媒介将动力传导给中观、微观层次的动力主体，成为他们的动力利用主体，来实现3个层次的合力，共同促进青少年参与体育活动。

在动力传导媒介方面，利益传导应建立合乎青少年内在体育需要的利益导向，要调动青少年个体、群体体育参与的积极性，实现体育目标，应该通过利益这种形式，在实现国家体育整体计划时，同时给青少年个体、群体以某种形式的利益，把宏观计划的实现和个体、群体利益的获得统一融合起来，尽可能地杜绝仅仅依靠强制的行政手段。文化传导通过社会化和内化，改变青少年个体的需要结构。当前我国社会不是一个崇尚体育文化的氛围，离体育成为文化的重要组成部分、体育文化有助于完善及健全社会文化及人类自身的协调发展的价值理想还有着不小的距离。信息传导应该转变形式，政府部门采用青少年受众较大，喜闻乐见的新媒体形式来引导孩子，家长和体育教师克服填鸭式的说教，应在青少年体育参与中，扮演好榜样者、引导者、陪护者的角色。

青少年体育参与动力机制的运作过程也即以给青少年体育参与提供源源不断的适度动力为中心，以促使青少年不间断地参与其中，养成稳定的体育习惯，以形成体育生活方式为目的。根据青少年体育参与的实际情况，运作过程主要由动力源开发、动力转化和动力监控反馈3个环节构成。

动力源开发也即开发3个层次动力主体的合理需要，准确找出3个层次动力主体的合理内在需要并积极开发，引导青少年体育需要成为合理的体育需要，可以采用激励、利益传导、文化内化等手段，但彼此3个层次之间需要不能相互代替，只能靠动力传导媒介进行动力传导，找到共同契合点后达到整合。要坚持抓住3个层次动力主体需要的交汇点，同时满足他们的需要。在动力转化环节，当前大多青少年在有强烈体育需要的前提下而没能最终转化为体育行动，在个体层次的"需要—欲望—动机—目标—体育行动"转化链中，体育体制、人才选拔制度、社会文化等外在社会环境条件也起着很重要的作用。青少年参与体育活动缺乏一定的社会认同，受限于场地器材、运动技术、同伴关系等，难以满足体育欲望，从而难以形成进行体育活动的想法即体育动机，体育目标也就模糊不清，最终难以产生有目的的体育行动。中观、宏观位置的家庭、学校和国家政府的"需要—目标—决策—体育行动"转化链中，在决策环节的制度安排上，不利于教育目标和体育规定的实现。因此，体育参与动力在从潜在形态转化为现实动力和体育行为的过程中，还是要正确认识体育在满足国家政府需要和人自身发展需要中的重要价值，同时采取相应的制度保障价值的实现。动力机制监控反馈标准即是否给青少年体育参与提供了适度动力，可持续推动参与其中，达到一个良性的动态平衡的运行状态。动力源的监控反馈应放在动力主体的合理体育需要的满足上；动力转化的监控反馈应针对微观动力主体意识到的最近优势需要进行监控，确保由体育欲望向体育动机、目标、行动发展的过程中，能得到一定的社会认同，场地器材、运动技术等保障；对于微观、宏观位置的青少年群体和国家政府，要重视对决策环节的监控反馈。

第八章 结论及后续研究建议

第一节 结 论

一、青少年体育参与动力机制的内涵

青少年体育参与是青少年体育的基础，青少年体育引领着青少年体育参与，从结果的意义对行为的价值进行了规定。体育参与动力有"需要—满足"的可持续发展特性。青少年体育参与动力机制是指推动青少年体育参与的行为发生发展的各种力量及作用的方式和效果，包括动力机制结构、功能和运作过程。结构即青少年个体、群体、国家政府3个层次的动力主体，以及以利益、文化和信息传导为主的动力传导媒介；功能是为青少年体育参与提供适度动力；运作过程即开发青少年体育参与动力源、动力转化和监控反馈。

二、我国青少年体育参与不足的危害和社会运行动力机制视角下的展现状态

青少年体育参与本源状态取决于体育对于青少年的价值和青少年对体育的内在需要的内外双重动力，体育促进青少年全面发展和青少年天生爱动的刚性规定，决定青少年有强烈的体育需要。但是现实中我国青少年体育参与不足，导致青少年体质健康状况下滑和体育后备人才培养严重萎缩。站在社会运行动力机制的视角，表现为体育参与动力源错位、动力受到抑制和动力转化不足，即由于未能同时满足3个层次动力主体合理需要，导致青少年体育参与的天然动力被扼制，家庭和学校按照国家人才选拔的标准来调整需要

结构，国家虽然重视全面人才，强调人力资本，但是在实现目标的顶层制度设计上，主要考核青少年的文化课学习效果，导致体育参与动力转化难以通畅。

三、影响我国青少年体育参与的因素

通过调查分析，影响我国青少年体育参与的主要因素有自身运动基础、大众传媒、家庭体育观、体育的社会地位、家长体育习惯、同伴影响、体育功能观、体育教师、体育设施及时间保障和体育课内外融合10个，可以归属为个人、家庭、学校和社会4个层面。个人层面，注重培养青少年的体育兴趣和意志力，正确的体育功能观，使女生树立健康的身体审美观；家庭层面，树立正确的教育观和人才观，培养家长尤其是母亲的体育习惯，支持孩子体育参与应该遵从"思想—沟通—行动"；学校层面，减轻青少年课业负担，培养体育教师组织能力和亲和力，提高体育课质量，重视开展更加贴近学生兴趣的课外体育活动，加强体育设施建设；社会层面，提高体育的社会地位，构建崇尚体育的社会文化，培养青少年的体育生活方式，引导媒体体育报道的大众化倾向，从激起青少年的模仿欲和兴趣的角度，合理开发体育明星的榜样力量，建立体育参与同伴关系。

四、我国青少年体育参与动力机制的结构

在动力主体方面，青少年有着强烈的体育需要；体育应为家庭和学校的必需满足物，城市家长对孩子多元化发展的需要要求体育是重要满足物，学校应将体育教师的职业需要融入学校体育工作，重视体育特色办学诉求；国家政府需要全面发展的人才，应整合3个层次的合力。动力传导媒介方面，建立合乎青少年内在体育需要的利益导向，同时满足青少年群体的利益；通过社会化和内化，改变青少年个体需要结构；创新信息传导形式。动力机制的运作过程，在动力源开发方面，注重开发青少年个体、家庭及学校、国家政府3个层次动力主体合理需要的契合点。在动力转化方面，抓住青少年的体育欲望满足环节，家庭、学校和政府的决策环节。在动力机制的监控反馈标准即是否给青少

年体育参与提供了适度动力，达到良性运行。

五、构建青少年体育参与动力机制的意义

体育作为培养人才的必要手段，是教育的重要组成部分，接受良好的身体教育是青少年应该享受和受保护的权利。科学合理的青少年体育参与动力机制能够为青少年体育参与提供源源不断的适度动力，促使青少年可持续地参与其中，养成良好的体育习惯，形成积极健康的体育生活方式。

第二节　后续研究建议

一、借鉴社会运行机制中包含的整合机制、激励机制、控制机制、保障机制等理论，针对该问题进行更深入的研究

研究青少年体育参与，要从社会学的视角，用更全面的社会运行机制理论对待青少年体育参与问题。本研究主要是针对青少年体育参与动力机制进行研究，仅仅起到抛砖作用，后续还需要对青少年体育参与整合机制、激励机制、控制机制、保障机制等进一步深入研究。

二、调查群体覆盖面还需要更宽，调查区域还需要更广

本研究主要针对河南省初中生进行调查，调查的区域和对象有一定局限性，还需要对小学、高中阶段的在校学生、辍学青少年及全国其他地域进行调查，以便更进一步深化青少年群体的研究。

三、从心理学的视角，对于青少年个体层次"体育需要—体育欲望—体育动机—体育目标—体育行动"的转化链条，还需要更深入的研究

在青少年体育参与中，有"体育需要—体育行动"链条，本研究着重探讨

链条的转化过程中，在社会环境层面上制约青少年体育行为产生的因素。对于个体层次"体育需要—体育欲望—体育动机—体育目标—体育行动"的转化链条，后续应该从心理学的视角，针对相互转化过程、转化条件、转化结果进行更深入系统的研究。

附　录

附录 A　青少年访谈细目

1. 你在小学时有参与体育活动的习惯吗？初中呢？你每周能活动几次？每次多长时间？

2. 你为什么有/没有参与体育活动的习惯？以及为何中断？

3. 你对参与体育活动有什么看法？

4. 你爸妈对你参与体育活动是什么态度？

5. 你所在的学校对你参与活动是什么态度？

6. 我们每个人要想存在和发展都必须有自身的需要，如为了生存就需要衣食住行，为了进步和发展就需要不断提高自己各方面的能力。你认为自己要想存在和进步，需要做到什么呢？如何来满足这种需要？

7. 你认为通过把体育列入升学考试科目，能促进你参与体育活动吗？

附录B 青少年家长访谈细目

1. 您是干什么工作的?孩子放学回到家,大多进行什么活动?孩子上小学之前,进行体育活动吗?

2. 您和家人每周能活动几次?每次多长时间?

3. 您对孩子参与体育活动有什么看法?

4. 您认为您家孩子体育参与不足的原因有哪些?有哪些内在关系?

5. 您认为家庭应该如何促进孩子参与到体育活动中?

6. 您平时给孩子买哪些体育用品?

7. 我们每个人要想存在和发展都必须有自身的需要,国家、政府、学校也有自身的需要,如学校要想存在和发展,需要一定的物质基础并培养合格的学生。您作为家长,认为家庭要想存在和发展,需要做到什么?在培养孩子方面,您想把他培养成为什么样的人才?如何实现呢?您是通过什么方式把这种想法传导给孩子的呢?如何处理好孩子进行体育活动与课业的时间安排?

8. 通过把体育列入升学考试科目来促进孩子参与体育活动,您有什么看法?

9. 身体好对孩子一生很重要,您对促进孩子参与体育活动有什么建议?

附录 C　学校体育教师访谈细目

1. 您的学生在体育课课内、课外表现得怎么样？哪类学生在体育课上表现积极？他们在课外怎么样？

2. 您对学生们参与体育活动有什么看法？

3. 您认为学生们参与体育活动不足的原因有哪些？

4. 为了促进学校的学生参与体育活动，您认为学校管理部门和体育教师及家长应该怎么配合？

5. 国家出台了一系列促进学校体育发展、推动青少年学生体育参与的政策，您认为在落实中有哪些问题？

6. 我们每个人要想存在和发展都必须有自身的需要，学校也有自身的需要，如学校需要一定的物质基础并要培养合格的学生。您作为体育教师，要想存在和发展，需要做到什么？如何来满足这种需要？你是通过什么方式把这种需要传导给学生的呢？

7. 通过把体育列入升学考试科目来促进学生们参与体育活动，您有什么看法？

8. 您对促进学生们参与体育活动有什么建议？

附录 D　学校体育负责人访谈细目

1. 学校的体育课、课外体育活动是如何安排的？这种安排是根据上级部门规定还是从学生的兴趣或需要出发的？学校为保证学生们参与体育活动创造了哪些条件？

2. 您对学生们参与体育活动有什么看法？

3. 您认为学生们体育参与不足的原因有哪些？它们之间有什么内在关系？

4. 您认为学校管理部门在促进学生们体育参与中应当承担哪些责任？

5. 我们每个人要想存在和发展都必须有自身的需要并满足，国家、政府也有自身的需要，如社会主义中国的宏观需要就是一方面寻求稳定与发展的和平环境，维持社会主义体制的存在；另一方面就是满足人民群众不断增长的物质文化需要。您作为学校管理者，认为学校要想存在和发展，需要满足什么条件？如何来满足这种需要？我们是通过什么方式把这种需要传导给老师、学生、家庭的呢？假如学生参与体育活动影响了升学率，您对此有什么看法？

6. 国家出台了一系列促进学校体育发展、推动青少年学生体育参与的政策，您认为学校在落实中有哪些问题、难度和阻力？

7. 通过把体育列入升学考试科目来促进学生们体育参与，您有什么看法？

8. 您认为体育在青少年学生成长过程中，应该处在什么样的位置？对于促进青少年体育参与，您有何建议？

附录 E　政府教育体育部门负责人访谈细目

1. 您对我市/县初中整体的体育工作有哪些看法？

2. 您对学生们参与体育活动有什么看法？

3. 您认为学生们体育参与不足的原因有哪些？它们之间有什么内在关系？

4. 您认为政府教育体育部门在促进学生体育参与中应当承担什么责任？有无办法促进学生参与体育活动？

5. 我们每个人要想存在和发展都必须有自身的需要并满足，国家、政府也有自身的需要，如社会主义中国的宏观需要一方面就是寻求稳定与发展的和平环境，维持社会主义体制的存在；另一方面就是满足人民群众不断增长的物质文化需要。您认为我市/县的教育体育部门要想存在和发展，需要什么？如何来满足这种需要？我们是通过什么方式把这种需要传导给学校、老师、学生、家庭的呢？

6. 国家出台了一系列促进学校体育发展、推动青少年学生体育参与的政策，您认为政府教育体育部门在落实中有哪些问题、难度和阻力？

7. 通过把体育列入升学考试科目来促进学生们参与体育活动，您有什么看法？

8. 您认为体育在青少年学生成长过程中，应该处在什么样的位置？对于促进我市/县青少年参与体育活动，您有何建议？

附录F 青少年体育参与的动力现状及影响因素调查问卷

同学们,你们好!

体育是人全面发展的重要组成部分,每个青少年都享有参与体育活动的权利。青少年体育参与的动力就是促使青少年产生参与体育活动行为的各种力量。为了探索青少年体育参与的规律,促进青少年体育参与,我们组织了这次调查研究。我们根据科学的方法选定了一部分青少年作为全体青少年代表,你是其中的一位。本问卷是匿名的,请你如实填写,回答没有正误之分,我们将对你的回答保密,你的回答不会对你产生任何的负面影响。你的回答将会给本研究提供很好的参考依据,非常重要,在此表示感谢!

请你在所列答案后的( )内打"√",在"___"处填写相应内容。请你留意问题是单项选择或是多项选择,多项选择在问题后已经注明,可以选一项或者多项,单项选择只能选择一项。谢谢你的合作!祝你学习进步、身体健康!

河南科技学院体育学院教师:高泳

一、基本情况调查

(一)你的性别:男( ) 女( )   你的年龄____岁

(二)你所在的学校属于城市/农村:1.城市( ) 2.农村( )

(三)你所在的年级:1.一年级( ) 2.二年级( ) 3.三年级( )

(四)你父母的职业为:

职业	父亲	母亲
政府机关公务员		
事业单位人员(教师、医生等)		

续表

职业	父亲	母亲
国有企业工人		
农民		
军人		
公司员工		
个体经营者		
无业人员		
其他		

（五）你父母所受的文化教育程度为：

教育程度	父亲	母亲
研究生		
本科及大专		
高中及中专		
初中		
小学及以下		

二、影响青少年体育参与动力的因素调查

在下表影响你参与体育活动的说法中，请在每行你认为的态度对应格中的数字上打"√"。

编号	影响你参与体育活动的说法	你的态度				
		完全同意 1	比较同意 2	一般 3	不同意 4	很不同意 5
1	喜欢参与体育活动	1	2	3	4	5
2	除学校规定的体育活动外，每周还会再参加体育活动	1	2	3	4	5

续表

编号	影响你参与体育活动的说法	你的态度				
		完全同意 1	比较同意 2	一般 3	不同意 4	很不同意 5
3	参与体育活动中，遇到困难能坚持到底	1	2	3	4	5
4	比伙伴们更擅长玩一些体育项目	1	2	3	4	5
5	如何进行体育活动，懂得比伙伴们多	1	2	3	4	5
6	体育活动可以强身健体	1	2	3	4	5
7	体育活动可以促进人全面发展	1	2	3	4	5
8	体育活动是日常生活中不可缺少的组成部分	1	2	3	4	5
9	受体育明星的影响	1	2	3	4	5
10	受体育好的同学的榜样影响	1	2	3	4	5
11	别人赞赏我参与体育活动	1	2	3	4	5
12	家长鼓励我参与体育活动	1	2	3	4	5
13	伙伴们带动我参与体育活动	1	2	3	4	5
14	课余有参加体育活动的时间	1	2	3	4	5
15	体育课上能学到很多运动项目的技术技能	1	2	3	4	5
16	喜欢体育老师	1	2	3	4	5
17	除体育课外，还有一些课外体育活动	1	2	3	4	5
18	在学校，有老师组织参与课外体育活动	1	2	3	4	5
19	担心在体育活动中受伤	1	2	3	4	5
20	体育课有相应的体育活动的设施	1	2	3	4	5
21	课外体育活动有相应的体育活动的设施	1	2	3	4	5
22	考高中时，需要考试体育	1	2	3	4	5
23	父亲支持我参与体育活动	1	2	3	4	5
24	母亲支持我参与体育活动	1	2	3	4	5

续表

编号	影响你参与体育活动的说法	你的态度				
		完全同意 1	比较同意 2	一般 3	不同意 4	很不同意 5
25	父亲有参与体育活动的习惯	1	2	3	4	5
26	母亲有参与体育活动的习惯	1	2	3	4	5
27	擅长一些体育运动项目，会受到周围人的尊敬	1	2	3	4	5
28	熟悉的人都关注体育活动	1	2	3	4	5
29	在家附近，有常玩的体育项目的相应设施	1	2	3	4	5
30	电视、网络中的节目倡导大众参与体育活动	1	2	3	4	5
31	喜欢电视、网络中的体育节目	1	2	3	4	5
32	电视、网络中的体育节目能促使参与体育活动	1	2	3	4	5

三、青少年体育参与的现状辅助调查

（一）你每周参与 ____ 次体育活动？每次 ____ 分钟。

（二）你在小学和初中哪个学段中，除学校规定的体育课和体育活动外，还会有每周都在参加体育活动的习惯吗？（多项选择）

1. 小学（   ）   2. 初中（   ）

（三）你在课余时间，都进行什么活动？（多项选择）

1. 看电视（   ）2. 玩电脑（   ）3. 玩游戏机（   ）4. 做作业或复习功课（   ）5. 看课外书（   ）6. 上兴趣班（   ）7. 上文化课辅导班（   ）8. 去游乐场玩（   ）9. 听家长讲故事（   ）10. 郊游（   ）11. 做家务（   ）12. 听音乐（   ）13. 看演出（   ）14. 参加体育活动（打球、跑步、游泳等）（   ）15. 智力游戏（扑克、棋牌等）（   ）

四、你是否同意以下观点或看法？如果同意就选择①，不同意就选择②。

1. 如果不能得到别人的鼓励，有时我便难以再继续进行自己的工作。
　　　　　　　　　　　　　　　　　　　　　　　　　①是　②否
2. 当我不能随心所欲时，我有时会怨天尤人。　　　　　①是　②否
3. 有时我会因为觉得自己能力太差而放弃去做某些事情。①是　②否
4. 有时我想反抗那些权威人物，虽然我明明知道他们是对的。①是　②否
5. 不管和谁谈话，我总是一个好听众（即能细心倾听别人的谈话）。
　　　　　　　　　　　　　　　　　　　　　　　　　①是　②否
6. 我从未有意地用语言去伤害别人。　　　　　　　　　①是　②否
7. 有时我会占别人便宜。　　　　　　　　　　　　　　①是　②否
8. 当我犯了错误时，我总会勇于认错。　　　　　　　　①是　②否
9. 有时我宁愿以牙还牙，也不愿宽恕别人。　　　　　　①是　②否
10. 我总是谦恭有礼的，即使对我讨厌的人也不例外。　①是　②否
11. 当别人表示的意见与想法跟我不大相同时，我从不感到厌烦。
　　　　　　　　　　　　　　　　　　　　　　　　　①是　②否
12. 我有时非常嫉妒别人的好运气。　　　　　　　　　①是　②否
13. 有时我会被有求于我的人惹火。　　　　　　　　　①是　②否

五、对影响你参与体育活动的因素，如果你还有想法和建议，请写在下面"＿＿"处。

_____
_____
_____
_____。

问卷结束了，非常感谢你的支持和合作！

参考文献

［1］ABD R M，SHARIFF，RAMLEE M. Social support mechanism and input factors on catharsis predictors in sport[J]. Social and behavioral sciences，2010（7）：588–591.

［2］DSTANLEY EITZEN. The sociology of amateur sport：an overview[J]. international review for the sociology of sport，1989（2）：95–105.

［3］GAVIN W.'Glocal boys'：exploring experiences of acculturation amongst migrant youth footballers in Premier League academies[J]. International review for the sociology of sport，2011（6）：11.

［4］LESLEY P，JONATHAN G. Centralized grassroots sport policy and'new governance'：a case study of county sports partnerships in the UK – unpacking the paradox[J]. International review for the sociology of sport，2011（3）：265–281.

［5］RASMUS K S，From homophonic to polyphonic organization：European team sports clubs in transformation[J]. Sport science review，2010（5）：93–111.

［6］RASMUS K S，ULRIK W. The anatomy of the sports scandal：outset，development and effect[J]. Play the game，2011（6）：1–28.

［7］RNULF SEIPPEL. Sport and social capital[J]. Acta sociologica，2006（2）：169–183.

［8］TANG S M. An impact model of intranet adoption：an exploratory and empirical research[J]. Journal systems software，2000（3）：157–173.

［9］WILHITE B，JOHN S. In praise of sport：promoting sport participation as a mechanism of health among persons with a disability[J]. Disability and health journal，2009（3）：116–127.

［10］曹卫华. 我国女足后备人才培养研究 [D]. 北京：北京体育大学，2008.

［11］陈明达，于道中，于葆，等. 实用体质学 [M]. 北京：北京医科大学、中国协和医科大学联合出版社，1993.

［12］陈亚中. 对我国五人制足球竞赛体制建设目标的研究 [D]. 北京：北京体育大学，2010.

[13] 辞海（缩印本）[M]. 上海：上海辞书出版社，1983.

[14] 崔乐泉. 中国体育通史[M]. 北京：人民体育出版社，2008.

[15] 窦鹏辉. 中国农村青年人力资源发展报告[M]. 北京：社会科学文献出版社，2006.

[16] 傅森. 河南省青少年体育俱乐部运行状况与机制的研究[D]. 武汉：武汉体育学院，2009.

[17] 高泳，王志勤. 我国社会体育与竞技体育的冲突与契合[J]. 体育文化导刊，2007（5）：47-48.

[18] 葛幸幸，杜和平，张朝辉. 重点中学课余训练体系存在的问题及完善对策：以湖南省重点中学为实证研究[J]. 成都体育学院学报，2008，34（3）：88-90.

[19] 郭建军. 构建充满活力的后备人才体系[N]. 中国体育报，2011-06-14.

[20] 国家体育总局青少年体育司. 我国体育后备人才培养形势不容乐观[EB/OL].（2011-07-10）[2011-11-15]. http://sport.sina.com.cn/o/2011-07-10/03595651345.shtml.

[21] 韩会君. 国家青少年体育俱乐部运行机制的研究[J]. 中国体育科技，2006，42（6）：6-7.

[22] 郝英奇，刘金兰. 动力机制研究的理论基础与发展趋势[J]. 暨南学报（哲学社会科学版），2006（6）：50-56.

[23] 郝英奇. 管理系统动力机制研究[D]. 天津：天津大学，2006.

[24] 何世权. 论我国运动员人力资本的形成和特征[J]. 北京体育大学学报，2004，27（8）：1016-1017.

[25] 胡小明，虞重干. 体育休闲娱乐理论与实践[M]. 北京：高等教育出版社，2004.

[26] 胡小明. 从"体教结合"到"分享运动"：探索竞技运动后备人才培养的新路径[J]. 体育科学，2011，31（6）：6-8.

[27] 胡小明. 体育发展新理念："分享运动"的人文价值观与青少儿体育发展路径[J]. 体育学刊，2011，18（1）：8-13.

[28] 黄琼. 青少年事务管理中的共青团组织角色研究[D]. 上海：上海交通大学，2008.

[29] 蒋效愚. 青少年的体质健康关乎中华民族复兴[N]. 北京日报，2011-08-08.

[30] 李杰. 动力机制与平衡机制的协调运行[J]. 求实，2008（4）：61-63.

[31] 李一宁，顾渊彦，傅宏，等. 增进青少年体质座谈会发言摘要[J]. 体育与科学，2007，28（2）：2-6.

[32] 刘居安. 思想政治教育接受主体动力问题探析[J]. 马克思主义与现实（双月刊），2004（4）：106-109.

[33] 刘新华，张建，蔡睿. 对上海、东京两地儿童、青少年身体素质影响因素的比较分析

[J]. 中国体育科技，2009，45（6）：115.

[34] 刘玉常. 小城镇体育文化发展动力机制研究[D]. 曲阜：曲阜师范大学，2007.

[35] 楼昔勇. 美学导论[M]. 上海：华东师范大学出版社，1996.

[36] 卢苇. 破解体校运动员"双困局"[N]. 中国体育报，2011-12-26.

[37] 卢纹岱. SPSS for Windows 统计分析[M]. 2版. 北京：电子工业出版社，2004.

[38] 卢元镇. 体育社会学[M]. 2版. 北京：高等教育出版社，2006.

[39] 罗晓中. 联合国教科文组织"体育运动国际宪章"[J]. 国际社会科学杂志（中文版），1984（2）：135-137.

[40] 马北北. 国民体质监测显示我国青少年体能连续10年整体下降[N]. 中国青年报，2010-03-30.

[41] 马克思，恩格斯. 马克思恩格斯全集[M]. 北京：人民出版社，1963.

[42] 马树强. 区域教育合作探析：模式、动力机制、过程模型[J]. 国家教育行政学院学报，2010（7）：3-5.

[43] 潘玉琴，印香俊. 我国成人教育的动力机制分析[J]. 成人教育，2011（6）：32-33.

[44] 平杰. 体育强国视域下我国青少年体育的发展[J]. 上海体育学院学报，2011，35（1）：47-50.

[45] 齐立斌. 农村公共体育服务体系的运行机制研究[J]. 南京体育学院学报，2010，24（4）：44-46.

[46] 任海. 南京青奥会与我国青少年体育价值观的重塑[J]. 体育与科学，2011，32（4）：2-16.

[47] 沈坤荣，付文林，李子联. 中国经济增长的动力机制与发展方式转变[J]. 江苏行政学院学报，2011（1）：45-48.

[48] 孙开宏. 青少年运动员体育道德取向的预测与干预[D]. 上海：华东师范大学，2011.

[49] 孙小岳. 幼儿体育的制度保障研究[D]. 上海：上海体育学院，2011.

[50] 孙晓莉. 政府公共服务创新：类型、动力机制及创新失败[J]. 中国行政管理，2011（7）：48-49.

[51] 孙志伟. 基于健康促进理论下大学生体育运动行为影响因素的调查研究[D]. 上海：华东师范大学，2011.

[52] 唐建倦. 中国竞技体育后备人才培养动力机制研究[J]. 体育与科学，2009，30（6）：50-52.

[53] 唐智明. 我国成人教育的动力机制分析[J]. 北京体育大学学报，2007，30（1）：87-89.

[54] 王秀霞，翟强，刘卫. 西方社会学视角下我国青少年参与体育历程及结果[J]. 体育学

刊，2010，17（7）：28-31.

[55] 王羽.体育教学世界的生命回归探索[D].长春：东北师范大学，2009.

[56] 吴狄.调查显示我国青少年体质20年来持续下降[N].新京报，2006-08-20.

[57] 吴家桂.终身德育的运行机制分析[J].教育学研究，2007（12）：124-127.

[58] 吴明隆.SPSS统计应用实务：问卷分析与应用统计[M].北京：科学出版社，2003.

[59] 肖林鹏，孙荣会，唐立成.我国青少年体质健康服务体系构建的理论分析[J].天津体育学院学报，2009，24（4）：281-284.

[60] 熊晓正，刘媛媛.奥林匹克教育与青少年人格培养[J].体育学刊，2008，15（1）：5-8.

[61] 徐伟新.社会主义社会发展动力论[M].北京：中国社会科学出版社，1990.

[62] 杨贵仁.学生体质健康泛教育论[D].福州：福建师范大学，2007.

[63] 杨国枢，文崇一，吴聪贤，等.社会及行为科学研究法（下册）[M].台北：东华书局，2002.

[64] 杨京钟，吕庆华，易剑东，等.体育用品产业政策效率的影响因素：来自福建泉州的证据[J].体育科学，2012，32（2）：53.

[65] 杨文轩，杨霆.体育概论[M].北京：高等教育出版社，2005.

[66] 杨再淮，项贤林，倪伟，等.我国竞技体育后备人才目标市场的研究[J].体育科学，2006，26（4）：16-20.

[67] 岳天明.甘肃少数民族地区农村社会发展动力机制研究[D].兰州：兰州大学，2006.

[68] 张路平.调查显示中国青少年素质堪忧 平均身高矮于日韩[N].新京报，2011-11-28.

[69] 张宁.我国中小学生体育学习动力研究[D].北京：北京体育大学，2008.

[70] 张添胜.上海市徐汇区少年儿童参与家庭体育的现状及对策研究[D].上海：上海师范大学，2010.

[71] 张文彤，董伟.SPSS统计分析高级教程[M].北京：高等教育出版社，2011.

[72] 张文彤.SPSS统计分析高级教程[M].北京：高等教育出版社，2004.

[73] 张晓琳.中美竞技体育管理体制与运行机制的比较研究[D].北京：北京体育大学，2011.

[74] 张长征，惠调艳.大学科技园运行机制规划的初步探讨[J].科技管理研究，2006（9）：37-38.

[75] 张之沧.从南京青奥会看中国体育的战略转向[J].体育与科学，2011，32（4）：13.

[76] 赵小雅.体育新课程激发学生运动兴趣[N].中国教育报，2007-05-30.

[77] 郑杭生，李强.社会运行导论：有中国特色的社会学基本理论的一种探索[M].北京：

中国人民大学出版社，1996.

[78] 郑杭生. 论社会主义条件下的主文化与反文化[N]. 人民日报，1991-05-09.

[79] 郑杭生. 社会学概论新修[M]. 3版. 北京：中国人民大学出版社，2003.

[80] 中共中央马克思恩格斯列宁斯大林著作编译局. 马克思恩格斯全集（第1卷）[M]. 2版. 北京：人民出版社，1995.

[81] 钟秉枢. 中国体育可持续发展的重要举措：写在国家体育总局青少年体育司成立一周年之际[J]. 北京体育大学学报，2011，34（4）：1-4.

[82] 朱瑜，郭立亚，陈颇，等. 同伴关系与青少年运动动机、行为投入的模型构建[J]. 天津体育学院学报，2010，25（3）：218-219.

作者简介及代表性科研成果

高泳，男，河南驻马店人，1981年10月生。先后在华南师范大学、北京体育大学和福建师范大学学习，分别师从胡小明教授、孙葆丽教授、方千华教授，进行硕士、博士和博士后学习，专业均为体育人文社会学。

现任河南科技学院体育学院副院长，副教授，硕士生导师，乌克兰苏梅国立农业大学联合培养博士生导师。河南省模范教师，河南省高校青年骨干教师。兼任《北京体育大学学报》《体育学刊》等CSSCI源期刊外审专家；河南省哲学社会科学规划项目评审专家，中国社会科学评价研究院A刊评价同行评议专家；河南省中华优秀传统文化传承基地负责人；河南科技学院"体育文化传承与创新"团队负责人。

长期从事体育社会学和奥林匹克运动领域的研究。作为核心团队成员参与编制《北京2022年冬奥会和冬残奥会体育遗产报告（2022）》；参与研究国家社会科学基金重大、重点、一般项目3项，主持河南省社会科学基金等省部级项目5项；出版专著1部；在《北京体育大学学报》《体育学刊》《广州体育学院学报》《新乡日报》等期刊上发表论文20余篇，其中《20世纪50年代以来奥林匹克运动与我国大众体育的双向驱动研究》获2018年度河南省社会科学优秀成果奖二等奖、《北京奥运会中国代表团礼服的文化探析》获2013年度河南省教育厅人文社会科学成果奖一等奖、《习近平总书记关于体育工作重要论述的时代使命与实现方略》，被"学习强国"学习平台全文转载。

一、学习经历

1999年9月至2003年7月，信阳师范学院，体育教育专业，全日制，学士。

2003年9月至2006年6月，华南师范大学，体育人文社会学专业，全日制，硕士。

2010年9月至2013年6月，北京体育大学，体育人文社会学专业，全日制，博士。

2017年11月至今，福建师范大学，体育人文社会学专业，在职，博士后。

二、工作经历

2006年7月至2013年6月，河南科技学院体育学院教师。

2013年7月至2018年10月，河南科技学院体育学院社会体育系主任。

2018年10月至今，河南科技学院体育学院副院长。

三、代表性学术成果

（一）论文及专著

① 疫情下构建学校突发公共卫生事件应急治理机制中的体育责任研究，《广州体育学院学报》（中文体育类核心期刊），2021年6月，第一作者。

② 疫情下奥运会可持续发展之道，体育学研究官方网站，2020年9月，独著。

③ 疫情下北京冬奥会筹办的隐忧与消解，北京体育大学学报官方网站，2020年2月，独著。

④ 习近平总书记关于体育工作重要论述的时代使命与实现方略，《北京体育大学学报》（CSSCI源期刊），2019年3月，第一作者，被"学习强国"全文转载。

⑤ 20世纪50年代以来奥林匹克运动与中国群众体育的互动研究，《北京体育大学学报》（CSSCI源期刊），2018年3月，第一作者，获河南省社会科学优秀成果奖二等奖。

⑥ 学校体育应关注"余暇体育"，《中国教育学刊》（CSSCI源期刊），2016年4月，独著。

⑦ 青少年体育参与动力影响因素研究，《北京体育大学学报》（CSSCI源

期刊），2014年2月，独著。

⑧我国青少年体育参与动力机制研究，北京体育大学博士学位论文，2013年7月，独著。

⑨北京奥运会中国代表团礼服的文化探析，《体育文化导刊》（CSSCI源期刊），2013年4月，独著。

⑩打铁还需自身硬：体育学何以不能升为学科门类，《体育学刊》（CSSCI源期刊），2013年4月，第一作者。

⑪我国社会体育与竞技体育的冲突与契合，《体育文化导刊》（中文体育类核心期刊），2007年5月，第一作者。

⑫品读《体育休闲娱乐理论与实践》，《体育文化导刊》（中文体育类核心期刊）2005年5月，独著。

⑬评《奥林匹克新论》，《体育文化导刊》（中文体育类核心期刊），2005年1月，第一作者。

⑭培养高水平学生运动员的大学责任，中国轻工业出版社，2016年8月，独著。

（二）项目奖励

①北京2022年冬奥会和冬残奥会体育遗产报告（2022），核心团队成员，2022年1月，已完成。

②北京冬奥会推动河南省青少年冰雪运动发展研究，河南省社会科学基金项目，2021年6月，主持，已完成。

③"健康中国"背景下河南省青少年体育公共服务体系构建研究，河南省高等学校重点科研项目，2020年1月，主持，已完成。

④我国京张申办冬奥会的策略研究，河南省社会科学基金项目，2016年9月主持，已完成。

⑤青奥会与奥运会主要特点之比较：兼论对南京青奥会的启示，国家社会科学基金重点项目子课题，2014年11月，主持，已完成，被鉴定为优秀等级。

⑥我国青少年体育的困境与出路研究，中央高校基本科研业务费专项资金资助项目、北京体育大学资助项目，2013年6月，主持，已完成。

⑦"一带一路"背景下中原民族传统体育促进我省构筑全国重要文化高地的路径研究,河南省高等学校重点科研项目,2021年12月至今,主持在研。

⑧新时代河南省建设体育强省的实践困境与实现方略研究,河南省重点研发与推广专项(软科学研究)项目,2020年11月至今,主持在研。

⑨学科核心素养下河南省体育教育专业课程改革研究,河南省教师教育课程改革研究重点项目,2020年9月至今,主持在研。

⑩"健康中国"战略背景下我国青少年体育价值观更新研究,河南省高校青年骨干教师培养计划项目,2022年6月,主持,已完成。

⑪20世纪50年代以来奥林匹克运动与我国大众体育的双向驱动研究,河南省社会科学优秀成果奖二等奖,2019年7月,第一作者,已完成。

⑫北京奥运会中国代表团礼服的文化探析,获河南省教育厅人文社会科学研究成果奖一等奖,2014年4月,独著,已完成。

(三)学术会议

①《习近平新时代中国特色社会主义体育强国思想的新使命与新方略》,第7届中国体育博士高层论坛,口头报告,2018年。

②《中国奥林匹克运动和群众体育互动研究》,国际奥委会第14届世界大众体育代表大会,2011年。

③《1950年以来中国奥林匹克运动和群众体育的互动研究》,第9届全国体育科学大会,2011年。

④《东西方奥林匹克运动发展模式之比较》,第5届中国体育博士高层论坛,2011年。

后　记

　　本书是在我博士论文的基础上稍加修饰完善而成的。2013年盛夏踏出北京体育大学校门迄今已过9个年头，期间闪过无数次的付梓念头，但受困于管理事务繁杂、学术研究再提升的期许等诸多内外不合时宜的因素，一直未能如愿，所幸的是我一直没有放弃解决上述困难的想法和行动。

　　书稿完成之时，百感交集。行至今日，遥望童年，干过农活、拣过柴火、拉过架子车、铸过铝锅、卖过冰棍、濒临辍学……品过许多人间疾苦，感受诸多世态炎凉。不幸中幸运的是我一直坚信并持续践行"知识能够改变命运"，因此，对待学习和工作中遇到的常态性但多数人所不堪承受、难以坚持的学习之苦、研究之难、工作之困，由于青少年时期的特殊磨砺，已经使我习以为常地视其为登顶路上必须跨越的障碍。风雨兼程中求学奋斗伴我同行，路上的酸甜苦辣，冷暖自知。在多少个寂静的深夜，突然惊醒难眠，孤独费神地思考论文已经成为常态。

　　在博士学习期间，有幸参与导师孙葆丽教授主持的2011年度国家社会科学基金重点项目"青奥会与奥运会主要特点之比较——兼论南京青奥会的启示"的研究课题，得以全面理解青年之于奥林匹克运动的重要性；另外，偶然机缘聆听硕士时期导师胡小明教授有关青少年体育和分享运动的学术报告，深受启发。加之出身布衣，灵魂深处始终嵌有难以割舍的"平民意识"和为民呐喊的冲动。于是乎，我选择研究青少年体育作为博士论文的关注领域，期望为提升广大青少年体质健康水平、促进青少年全面发展做一点有益的探索。

　　感谢我的硕士时期导师胡小明教授。他是我学术研究的引路人，先生对待学术前沿的敏锐嗅觉、精准的价值判断常常令我惊叹不已。先生的学术才华和

后 记

过早离去,警醒后来学人要赓续奋斗但也要注意劳逸结合,健康第一;感谢我的博士时期导师孙葆丽教授。学业上,导师渊博的学识、开拓性的思维方式、严谨的治学使我受益匪浅;生活中,在我家庭、人生遇到挫折时,导师在家父病重的情况下还经常安慰鼓励我要坚强面对,给予我强大的精神支持;感谢我的博士后合作导师方千华教授,其年轻有为,时常在繁忙的工作中抽出时间鞭策我做好研究。3位学术大家善良真诚的为人之道、治学严谨的为学之术将鞭策我一生不忘初心,牢记使命!

著作撰写过程中,得到北京体育大学任海、熊晓正、袁旦教授对论文结构框架的指导修改;问卷设计得到刘昕、任弘教授的悉心指导,整体构思得到华南师范大学卢元镇、谭华教授的热情指导,他们中肯的建议给予我重要的启迪;实地调研得到河南科技学院徐现峰、朱国政、李泳老师,新乡市一中李来明老师的牵线搭桥,问卷调查数据处理得到关涛老师的热心帮助!访谈内容得到我校研究生王致远同学的认真处理和文字校对,在此一并感谢!感谢河南科技学院体育学院院长雷鹏教授,不仅给我考博、读博提供了宽松的学习环境,同时在工作中也给予我悉心指导!我将时常牢记大家的温暖并努力感恩回报!同时,著作出版得到科学技术文献出版社的精准校正和大力帮助,对此深表谢意!

谁言寸草心,报得三春晖!感谢含辛茹苦、任劳任怨坚定支持我读书的父母,他们身处基层、平凡普通却也胸怀梦想。青少年时期的苦难经历使我对社会、对人生、对情感有着独立、深刻的感悟,父母虽然没有给我富足的物质,但却促使我读懂了质朴、独立、坚韧、勇气和感恩的含义,这5个厚重的词语常常无声鞭策我真诚待人、感恩他人,面对困难要有勇气,解决困难要独立思考并坚持寻找办法。然而莫大的遗憾是,在我读博第二年结束的暑假,病魔夺去了父亲的生命,没能等到我更多的回报,在外求学漂泊多年,难以常陪伴父母,使我惭愧至极。在父亲生命垂危之时,依然嘱咐我要坚强面对人生,要抓紧学业,要感恩他人,那个生命嘱托的瞬间将永远定格在我脑海深处,我将牢记并努力做到,愿父亲在天堂一切安好!感谢我的太太李佳在家庭中的默默付出和支持。感谢两个可爱的小宝贝雅姝、雅泽,偶尔给我高压的生活带来些许闲暇的体验,你们戏耍的场景和我工作的背影常常难以交织,唯望花朵健康成长，静待花开！

虽然3年的博士研究时光早已过去，但是我已经习惯攀登知识高峰的孤独体验，深深喜欢上在精神家园潜心耕耘的恬然宁静，博士研究经历必将在我人生长河中打下深深的烙印。校门外的社会环境，车水马龙，觥筹交错，喧嚣浮躁，急于求成，将面临更大的考验和挑战，但是我将牢记母校"追求卓越"的校训和导师们"独立思考"的风范，力争做自己真正想做的事，走自己真正想走的路，少些功利，多些责任；少些聪明，多些智慧。

此著作几乎保留了博士论文的原貌，出版前曾意欲修改完善，以便使其更具时代性，也是对读者的尊重，思来想去，还是保留其原貌，也算是对那段艰苦求学岁月迟到的总结，其中的不完美将会时刻鞭策我在未来的学术之路谨慎前行。

受限作者研究能力和研究精力，本书尚有诸多有待改进之处，敬请雅正！

高 泳

2021年12月20日于河南新乡